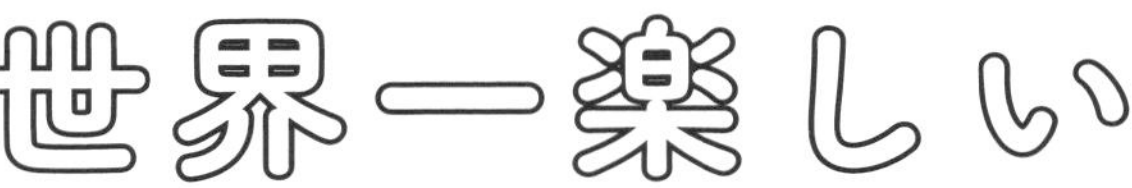

決算書の読み方

How to Read Financial Statements

［著］大手町のランダムウォーカー
［イラスト］わかる

はじめに

決算書の魅力とは、「実利」と「謎解きの面白さ」である

“企業のイメージ”と“損益計算書”の中身はイコールじゃない！

はじめまして。大手町のランダムウォーカーと申します。

僕は普段、**「日本人全員が財務諸表を読める世界を創る」**を合言葉に、Twitter上で本書のサブタイトルでもある「会計クイズ」という全員参加型のイベントを行っています。

ご好評をいただき、今では毎週8万人ものフォロワーの方に参加していただいています。

この本を手に取ってくださったあなたは、普段「会計」や「決算書」に縁のある方でしょうか。それとも、全くない方でしょうか。少なくとも、本書を読まれている今、「決算書の読み方」に興味をお持ちということは、間違いないと思います。

決算書は「一般に広く公開されているもの」ですから、どんな立場の人でも無料で読めるものです。ただ、専門用語や数字の羅列が続くため、前提知識なしには、なかなか読み解くことは難しいものでもありますね。

そもそも決算書って、誰が読んでいるんですか？

確かに、最初は「あの紙って誰が読んでいるの？」と不思議に思いますよね。ごく一部ではありますが、例として挙げるならば、こんな方々が読んでいます。

・投資家

企業の決算書に目を通して、「これから伸びる会社か・沈む会社か」などを判断し、投資の判断材料にしています。

・銀行員

企業への融資（お金を貸すこと）に際して、「この企業にお金を貸して大丈夫か」などの判断材料にしています。

・企業の**経営企画**ポジション、大企業の**本部長**クラスなど

企業のお金の出入りを管理する経理や、事業計画を作成するための発射台となる実績を把握したり、企業買収における買取価格の価値算定をしたりする経営企画ポジションの方。また、企業のトップに今後の事業提案をする立場の本部長クラスの方も、決算書を読む能力が必要です。また、課長などの**中間管理職**になっていきなり「PL分析をしろ」と言われて、ほとほと困っているという方もいらっしゃるでしょう。

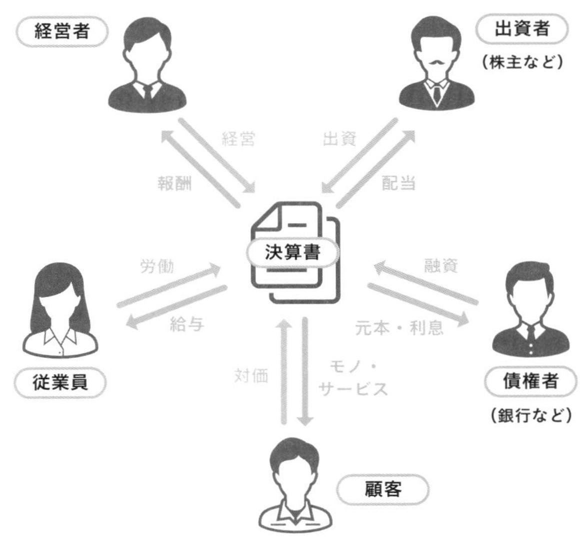

・**就活生**

優秀な就活生は、決算書やIR情報などを用いて「今後伸びる企業か」「どのような事業展開を見据えているか」などを分析し、志望する企業の判断材料としています。また、企業分析から得られた情報を志望動機などに盛り込むことで、エントリーシートや面接などで、志望度合いの説得力を深めています。

こういった方々をはじめ、企業の経済活動には直接的・間接的にもいろいろな方が関わっていて、様々な利害関係があります。この利害関係者を**ステークホルダー**というのですが、決算書はこういったステークホルダーのために公開されているのです。

なぜ決算書は「難しい」と感じるか

しかし、先にも述べた通り、決算書は何も知らないまま読み込もうとすると、結構難しくて挫折しやすいものでもあります。「入門書を何冊も買って読んでしまう」「何回読んでも、なんとなくしかわからない」という声をよく聞きます。

これはなぜかというと、一番の理由は**「読んでも、自分ごととして理解できないから」**ということです。会計の入門書の多くは、「よりかんたんに、わかりやすく」するために、架空の企業の財務諸表をもとに勉強できるようになっています。

ただ、サンプルの決算書例を見て数字を追うだけでは、顔のない人の名前を覚えるようなもので、理屈の理解はできても記憶に定着しませんし、本心から納得するのは難しいでしょう。

また、サンプルの例だけを見ていては、当然ですが企業の戦略をひもとく能力は身につきません。

つまり、**最短で決算書を読む力をつけるためには、実在する企業の決算書を読むのが一番手っ取り早い**のです（ここでいう「読む」とは、会計的な分析の話ではなく、ビジネスパーソンが販売戦略を分析したり、その分析をもとに、具体的な新規の打ち手までイメージできる能力のことを指します）。もちろん、利益率や負債比率などの会計的分析は有用ですが、これらの数値を計算できるようになることは、単なる「把握」のステップに過ぎません。決算書を読む目的は、企業を分析し、分析をもとに具体的な打ち手を考えることにあるはずです。

決算書に挑む際に、**それが知っている企業や興味のある企業であれば、おのずと推測しやすく、興味も持ててなおよい**でしょう。

ただ、前提知識がない状態のまま一人で決算書に突撃しても、謎の数字の羅列という壁の前で撃沈するのみであることは、すでに皆さんがお察しの通りです。

そのため、本書では筆者である私と一緒に、また、Chapter 1以降では個性豊かなキャラクターたちと一緒に、**「実際の企業の決算書を様々**

な視点で読み解きながら、決算書のキホンのキが自然と身につく」ような仕掛けをほどこしました。

その仕掛けを、ここで少しだけお見せしましょう。

「ドトール」と「ルノアール」のコーヒーの値段の違い、あなたは説明できますか？

会計は英語・ITと並ぶ「ビジネス三種の神器」ともいわれますが、それは会計が日常生活に役立ち、どんなビジネスを行う上でも必要不可欠な数字を活用できるスキルであるからです。特に、このビジネス上必要な数字を活用するという部分については、決算書を読むというスキルでほぼ全て得ることができます。

しかし、決算書を読めることの最大の魅力は、**読むスキルを身につけた際のメリットが大きいという「実利」の面と、企業の隠された戦略を読み解けたときの面白さがあるという「謎解き」の面**の両輪を兼ね備えているところにあります。

会計が謎解きって、一体どういうことですか？

ということで、ここで1つ問題を出したいと思います。

老若男女問わず、誰もが一度はカフェを利用したことがあるでしょう。

皆さんはそんなカフェで、「同じコーヒーという商品を売っているのに、なぜ値段がこんなにも違うのだろう？」と、疑問を抱いたことはないでしょうか。

ご存知の方も多いでしょうが、**こうした値段の違いは企業それぞれの販売戦略によって生じます。**

企業経営においては、「持続的に利益をあげる」ということが必要不可欠です。ただ、利益をあげるためには販売戦略を入念に練る必要があります。そして、販売戦略を考えるためには、他社が過去に行った販売戦略の効果を分析して、より効果的な戦略を練っていかなければなりません。

しかし、企業の販売戦略は公表されることは少なく、もしもあなたが「とある企業の販売戦略を分析したい」と思った場合、分析は自らの力で行う必要があるのです。
ものは試しに、「カフェのコーヒーの値段の違い」をテーマにして、ドトールとルノアールの販売戦略がどのようなものか、考えてみましょう。

今回の登場企業

●ドトール・日レスHD
ドトール・日レスHDの事業会社が日本で展開するセルフ式のコーヒーショップチェーン「ドトールコーヒー」で有名。ドトールの店舗数は2019年12月現在でフランチャイズが918店、直営が188店と日本国内での店舗数は業界最多。

●銀座ルノアール
銀座ルノアールが展開する主要喫茶店チェーンが「喫茶室ルノアール」。東京・神奈川を中心に展開しており、大正ロマンをテーマとした内装に、ビジネスユースや語らいの場といったニーズに応えるゆったりした空間を提供する。

ドトールのコーヒーは220円〜320円前後、ルノアールのコーヒーは530円〜650円前後で販売されています（2019年12月現在）。この約2.6倍の価格差は、どのようにして生まれていると思いますか？

●Price：コーヒー1杯の値段

ドトール・日レスHD

コーヒー1杯　220円〜320円前後

銀座ルノアール

コーヒー1杯　530円〜650円前後

決算書は分析のエビデンスとなる

「商品の材料」や「店舗の立地」など、考えるための材料はたくさんありますが、実際に「どのようなものが、その価格に大きく影響しているのか」？　それは、**机上で想像することはできても、根拠がなければ断定まではできません**よね。

こうした影響の大きさを測るためには、数字などの定量的なデータを分析することが必要不可欠です。

そしてお気づきの通り、企業の数字に関する情報が詰まっているのが「決算書」です。

決算書は、「企業が今持っている資産や負債の状況」「1年間の売上や費用に関する情報」などをまとめたものです（詳しくは後述します）。これを読み解けるようになれば、先ほどのような「疑問」を分析するためのエビデンスが得られるのです。

参考までに、まずはドトールとルノアールの決算書を見てみましょう。

いきなり「はい、読んでくださいね」ということではなく、ざっとどのような項目があるのかを流し見していただければ結構です。

単位：百万円

ドトール・日レスHD 貸借対照表（資産）	前連結会計年度 (2018年2月28日)	当連結会計年度 (2019年2月28日)
資産の部		
流動資産		
現金及び預金	30,524	32,780
受取手形及び売掛金	7,680	6,818
商品及び製品	1,795	1,743
仕掛品	92	105
原材料及び貯蔵品	2,251	1,553
繰延税金資産	944	904
その他	5,716	5,515
貸倒引当金	△26	△13
流動資産合計	48,979	49,407
固定資産		
有形固定資産		
建物及び構築物	46,506	48,626
減価償却累計額	△23,717	△25,095
建物及び構築物(純額)	22,789	23,531
機械装置及び運搬具	5,964	6,088
減価償却累計額	△4,827	△4,964
機械装置及び運搬具(純額)	1,137	1,124
土地	17,883	18,186
リース資産	6,250	5,971
減価償却累計額	△2,279	△2,639
リース資産（純額）	3,970	3,332
その他	7,532	7,582
減価償却累計額	△6,002	△6,278
その他（純額）	1,529	1,303
有形固定資産合計	47,312	47,477
無形固定資産	1,282	958
投資その他の資産		
投資有価証券	707	681
繰延税金資産	1,494	1,464
敷金及び保証金	20,363	20,247
その他	1,863	4,894
投資その他の資産合計	24,429	27,286
固定資産合計	73,024	75,723
資産合計	122,003	125,131

単位：百万円

銀座ルノアール 貸借対照表（資産）	前連結会計年度 (2018年3月31日)	当連結会計年度 (2019年3月31日)
資産の部		
流動資産		
現金及び預金	2,172	2,045
売掛金	21	96
商品	33	23
その他	296	184
流動資産合計	2,523	2,349
固定資産		
有形固定資産		
建物	3,964	3,624
減価償却累計額	△2,566	△2,616
建物（純額）	1,127	1,007
工具、器具及び備品	354	353
減価償却累計額	△301	△302
工具、器具及び備品(純額)	53	51
土地	518	518
リース資産	235	9
減価償却累計額	△191	△8
リース資産（純額）	44	1
その他	2	2
減価償却累計額	△2	△2
その他（純額）	0	0
有形固定資産合計	1,743	1,577
無形固定資産		
ソフトウエア	12	8
無形固定資産合計	12	8
投資その他の資産		
投資有価証券	160	358
長期貸付金	73	69
敷金及び保証金	1,888	1,860
長期預金	100	100
繰延税金資産	232	262
その他	130	156
投資その他の資産合計	2,583	2,804
固定資産合計	4,338	4,390
資産合計	6,861	6,739

（※各社の2019年２月期及び３月期の有価証券報告書を基に作成。
ルノアールについては筆者が千円→百万円へ単位を変更）

単位：百万円

ドトール・日レスHD 貸借対照表（負債・純資産）	前連結会計年度 (2018年2月28日)	当連結会計年度 (2019年2月28日)
負債の部		
流動負債		
支払手形及び買掛金	6,756	5,802
短期借入金	570	470
未払法人税等	2,328	2,092
賞与引当金	1,296	1,170
役員賞与引当金	83	85
株主優待引当金	90	100
その他	7,044	7,025
流動負債合計	18,169	16,745
固定負債		
リース債務	1,024	684
退職給付に係る負債	2,001	1,939
資産除去債務	1,528	1,879
その他	2,321	2,378
固定負債合計	6,875	6,881
負債合計	25,045	23,626
純資産の部		
株主資本		
資本金	1,000	1,000
資本剰余金	25,858	25,858
利益剰余金	81,712	86,214
自己株式	△11,854	△11,854
株主資本合計	96,716	101,218
その他の包括利益累計額		
その他有価証券評価差額金	116	61
繰延ヘッジ損益	△27	-
為替換算調整勘定	114	78
退職給付に係る調整累計額	△82	△6
その他の包括利益累計額合計	121	133
非支配株主持分	119	152
純資産合計	96,958	101,504
負債純資産合計	122,003	125,131

単位：百万円

銀座ルノアール 貸借対照表（負債・純資産）	前連結会計年度 (2018年3月31日)	当連結会計年度 (2019年3月31日)
負債の部		
流動負債		
買掛金	104	94
短期借入金	80	80
リース債務	46	1
未払法人税等	163	111
賞与引当金	85	88
株主優待引当金	18	19
その他	391	332
流動負債合計	886	725
固定負債		
リース債務	1	-
役員退職慰労引当金	80	74
退職給付に係る負債	143	152
その他	35	35
固定負債合計	259	260
負債合計	1,145	986
純資産の部		
株主資本		
資本金	772	772
資本剰余金	1,062	1,063
利益剰余金	3,937	3,973
自己株式	△119	△114
株主資本合計	5,651	5,694
その他の包括利益累計額		
その他有価証券評価差額金	22	15
その他の包括利益累計額合計	22	15
新株予約権	4	4
非支配株主持分	38	41
純資産合計	5,716	5,753
負債純資産合計	6,861	6,739

単位：百万円

ドトール・日レスHD 損益計算書	前連結会計年度 (2018年2月28日)	当連結会計年度 (2019年2月28日)
売上高	131,182	129,216
売上原価	53,972	50,849
売上総利益	77,209	78,366
販売費及び一般管理費		
給料及び手当	23,881	24,614
賞与引当金繰入額	1,143	1,007
役員賞与引当金繰入額	83	85
退職給付費用	400	350
賃借料	15,055	15,443
水道光熱費	3,084	3,244
その他	23,223	23,477
販売費及び一般管理費合計	66,872	68,223
営業利益	10,336	10,143
営業外収益		
受取利息	31	27
受取配当金	19	14
為替差益	-	22
不動産賃貸料	66	68
その他	86	102
営業外収益合計	204	234
営業外費用		
支払利息	11	12
為替差損	13	-
不動産賃貸費用	39	43
持分法による投資損失	77	42
支払手数料	19	-
その他	7	6
営業外費用合計	170	106
経常利益	10,369	10,271
特別利益		
退店保証金収入	175	4
投資有価証券売却益	118	-
固定資産売却益	21	6
特別利益合計	315	11
特別損失		
固定資産除却損	21	29
減損損失	559	874
その他	33	2
特別損失合計	614	907
税金等調整前当期純利益	10,070	9,375
法人税、住民税及び事業税	3,362	3,369
法人税等調整額	7	52
法人税等合計	3,369	3,422
当期純利益	6,700	5,953
非支配株主に帰属する当期純利益又は 非支配株主に帰属する当期純損失(△)	27	37
親会社株主に帰属する当期純利益	6,673	5,915

単位：百万円

銀座ルノアール 損益計算書	前連結会計年度 (2018年3月31日)	当連結会計年度 (2019年3月31日)
売上高	7,754	7,968
売上原価	962	941
売上総利益	6,792	7,027
販売費及び一般管理費		
給料及び手当	2,423	2,445
賃借料	1,930	2,004
その他	2,111	2,112
販売費及び一般管理費合計	6,464	6,561
営業利益	328	465
営業外収益		
受取利息	2	2
受取配当金	2	3
受取家賃	29	29
受取保険料	3	6
その他	13	11
営業外収益合計	49	51
営業外費用		
支払利息	1	1
撤去費用	1	0
不動産賃貸費用	4	4
その他	6	5
営業外費用合計	12	10
経常利益	365	506
特別利益		
受取補償金	204	-
受取保険金	44	-
特別利益合計	248	-
特別損失		
固定資産廃棄損	8	8
役員退職慰労金	37	-
減損損失	246	221
特別損失合計	290	229
税金等調整前当期純利益	323	277
法人税、住民税及び事業税	199	176
法人税等調整額	△46	△29
法人税等合計	152	148
当期純利益	171	129
非支配株主に帰属する当期純利益又は 非支配株主に帰属する当期純損失(△)	8	7
親会社株主に帰属する当期純利益	163	122

ドトールとルノアールの値段に違いが生じる原因とは？

さて、問題に戻りましょう。なぜこの二者のコーヒーには、値段の違いが生じるのでしょうか。

そもそも、ドトールとルノアールでは、注文方法や店内の設計が大きく異なります。

ドトールでは、お店に入ってすぐのカウンターでコーヒーを注文し、会計を済ませた後にコーヒーを受け取って席に着きます。

一方のルノアールでは、お店に入ったらまずは席に着き、席で店員さんにコーヒーを注文し、最後に伝票を持って、レジで会計を済ませます。

●Place：どうやって届けるか？

ドトール・日レスHD

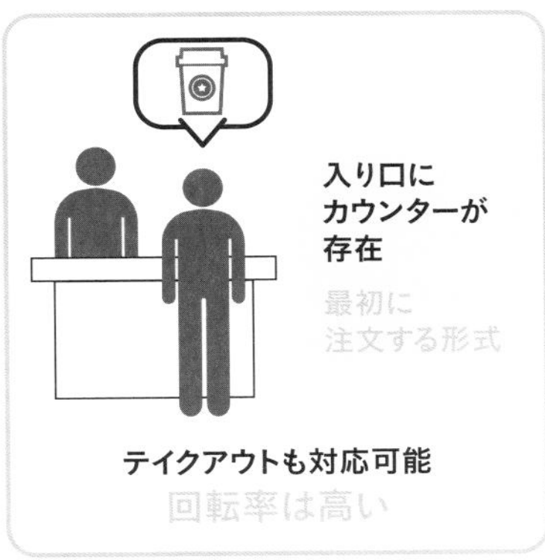

銀座ルノアール

また、ドトールは席に背もたれがないイスを採用するなど、テーブルのスペースが小さめに設計されていますが、ルノアールは高級感のあるイスを採用し、テーブルのスペースが広めに設計されています。

●Product：何を売っているか？

ドトール・日レスHD

滞在時間は
比較的短期
低価格で
回転率を高める
戦略と一貫

銀座ルノアール

滞在時間は
比較的長期
快適な空間を
提供
3時間までWi-Fiが利用可能
➡回転率は低下

このように、同じカフェでも様々なものが異なります。ここから読み取れることは、「ドトールは顧客の長期滞在を前提とせず、たくさんの顧客に商品を購入してもらうという戦略なんだな」ということです。これを、一般に「回転率が高い」と表現します。

一方で、「ルノアールは顧客の長期滞在を前提としていて、顧客に快適な空間を提供するかわりに、その代金も商品の中に組み込むという戦略なんだな」と読み取れます。

そしてこのような差は、しっかりと決算書にも反映されています。ルノアールのように店内の空間や設備にお金をかけると、もちろんそのぶんは大きくコストがかかります。ですが、スペシャリティコーヒーなどを除けば、こういったチェーンのカフェにおけるコーヒーの原価はお店によってそれほど異なるわけではありませんので、1つのコーヒーあたりの単価が高いルノアールの方が、原価率は大きく下がります。

言い換えると、ドトールとルノアールでコーヒーの原価が同じ場合、1つのコーヒーあたりの単価が大きい方が、商品に占める原価の割合が小さくなるということです。

実際に次図の損益計算書（P/L）を見てみると、ドトールの原価率が39％なのに対し、ルノアールの原価率は12%しかありません。原価率の違いは、単価によって生じているもので、単価はそれぞれがどこまでのサービスを顧客に提供するか等の販売戦略によって異なるということがわかります。

ドトール・日レスHD

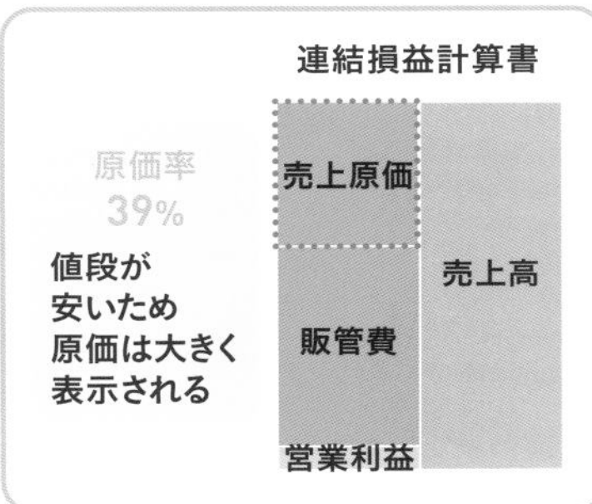

銀座ルノアール

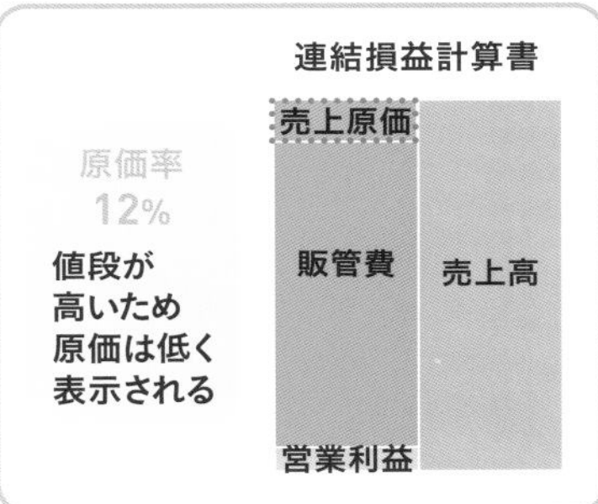

実際に分析の裏付けとして決算書という数字の根拠があることで、筋の通った分析ができるようになるんですね。

ちなみに、ドトールとルノアールの価格差は他にも原因があるのですが、それは本書の後半でしっかりと解説していきますので、楽しみにしながら読み進めてみてください。

「原価率」って？

原価率(%)＝売上原価÷売上高×100%
売り上げた商品に対して、どれほどの原価がかかったのかを図る指標。どのような業種にも使われる重要な指標。

決算書は、難しくない！

さて、先ほどの例で、皆さんはもう決算書の一部を読めるようになりました。

決算書分析の中でも特に重要な売上高と売上原価、そしてその関係性についてが、なんとなくでも頭で理解できたと思います。

このように、**事例を通じて決算書を見ていくことで、どんどん決算書の内容が理解できるようになる**のです。

ただの数字や専門用語の羅列にしか過ぎなかった決算書が、事例というフィルターを通すと、たちまち身近なものになります。

また、決算書からは、普段は見ることのできないその企業のビジネスの全貌はもちろんのこと、その企業の強みや弱み、販売戦略さえも読み取ることができるのです。

仕事上、競合企業や特定の企業を分析したり、自社を分析したりする必要のある人は、たくさんいます。それは、決算書にそれだけ重要な情報が詰まっているからです。

しかし、こうした分析を初めてする人のほとんどが、どのように分析

すればよいのかわからず、苦しんでいるというのが現状です。

これから本書では、皆さんが**「とにかく楽しく決算書を読めるようになる」ことを主眼にご説明していきます。**

読むだけで「決算書のキモ」を理解し、何よりも、「決算書をビジネスの視点で読み解けるようになる気持ちよさを味わえる」ことを目標としました。

「利益率」「流動比率」のような指標の意味とその算出方法を知っているだけでは、残念ながら財務諸表を読めるようにはならないからです。

決算書を読むということは、数字に目を通すだけではなく、決算書から企業の戦略まで読み解くことを目指すべきです。そして、その目的のもとでは、生きた財務諸表を使って、実際の戦略と決算書の数値を併せて見ていく必要があります。

本書の提案する「世界一楽しい決算書の読み方」で、会計に興味を持ち、決算書を読む楽しさに気づいていただくことができたなら、著者として、これ以上にうれしいことはありません。

キャラたちの会話を読み、一緒にクイズに答えながら、決算書を最速でマスターしていきましょう！

2020年３月

大手町のランダムウォーカー

CONTENTS

登場人物紹介

「大手町さん」が開催する「会計クイズ」の勉強会にやってきた
個性豊かな4人のメンバー。
知識の深浅や会計を勉強したい動機はそれぞれバラバラ。
はたして、どんな勉強会になっていくのでしょうか——？

大手町のランダムウォーカー（大手町さん）

TwitterやInstagramなどのSNSで実在する企業の決算書をネタにした「会計クイズ」を開催している謎のクマ。
会計と企業のビジネスを結びつけて分析することが大好きで、やたらと楽しそうに問題を出し、解説する。

学生くん

就職活動を間近に控えた大学3年生。就活を有利に進めたいと考えており、簿記2級の取得を目指し、また、企業のIR情報や決算書も読めるようになりたいと前向きに努力している。
ビジネスにはそれほど詳しくないものの、最新のサービスには若き知見を発揮する。勘が鋭い。

営業さん

とあるメーカーで営業として活躍中。新卒入社してから数年、現場の最前線で働いており自社の商品・業界については理解を深めている一方、「経営」や「会計」についてはチンプンカンプンなところに課題を感じている。
いずれ管理職になることも視野に入れ、知識を深めたいと考えている。

投資家さん

「会計クイズ」が話題になっていると聞いて勉強会にやってきた、株で生計を立てる個人投資家。
企業の「ビジネス」を最もよく理解していて、バラバラの意見を串刺したり、要点をまとめたりしてくれる頼もしい存在。

銀行員さん

新卒から銀行員ひと筋で、企業の「数字」を読むことは、参加者中、最も得意としている。ただ、今後はより「数字とビジネスを結びつけて理解できる」ようになりたいと思っている。
真面目で一本気な性格。

本書に掲載の情報は特段の注や付記がある場合を除き、
2019年12月執筆時点での各社決算書情報を参照しています。

Chapter 0

introduction：
決算書の全体像って？

Chapter 0

1 決算書って何のためにあるの？

決算書の公開理由とは？

実際に、財務3表の中身を会計クイズをまじえつつ見ていく前に、あと6ページだけ「決算書の全体像と基本的な知識」についてお話しさせてください。

先ほど「決算書はどんな人が読んでいる？」というお話をしましたね。企業の経済活動に際しては多くの利害関係者（ステークホルダー）がいて、決算書の開示を求められているのでした。

この部分について、もう少しだけ詳しくお話しましょう。

上場企業は、**年に1回**、決算書に事業内容の説明などを加えた書類である**「有価証券報告書」**を、**3カ月に1回**、有価証券報告書の経過報告的位置づけの**「四半期報告書」**を、それぞれ提出することが求められています。

非上場企業は決算書等の開示義務を課されていない場合が多いですが、資金調達などといった特定のタイミングにおいては、投資家から決算書の開示を求められることがあります。

上場企業、非上場企業とは？

上場企業とは、証券取引所に株式を公開し、誰もがその企業の株式を売買できるようになっている企業のことをいいます。
一方、非上場企業は株式を公開しておらず、一般的には株式が自由に売買できるようになっていない企業のことを言います。

では、**そもそも、なぜ決算書を公開しなければならないのでしょうか。**

決算書は企業の売上高や利益を見ることができるものですから、企業側からすれば「販売戦略等がバレてしまう」可能性もあります（実際、本書の会計クイズを通じて、企業の販売戦略等はある程度読み取ることができます）。

ただ、一方で**決算書を開示しないと、多くのステークホルダーが損害を被ってしまう可能性がある**のです。

たとえば、あなたが銀行の営業の仕事をしているとします。ある日、取引先として新規法人のお客様が現れて、「お金を貸してほしい」と言われたとしたら、なんの信用もなくその場でお金を貸すことはできますか？

初めて会うよく知らない人にお金は貸せないよね。

貸したお金が返ってこなかったら大変ですから、「どのような事業内容か」「きちんとこちらの貸したお金を返す余裕がある企業なのか」などを検討した上で、総合的に判断するはずです。

そうですよね。では、その判断を行うために、あなたはどのような書類を企業に要求するでしょうか。

友人間の貸し借りならまだしも、企業同士の融資ですから、口頭での確認のみでは不十分です。根拠資料として、企業の事業内容がわかる資料や、売上やその明細が分かる資料を確認したいと考えるのではないでしょうか。

こうした根拠資料として特に有用なのが、決算書なのです。

決算書に記載されている数字情報からは、企業のビジネスがどのような状況であるか――たとえば、「資産はいくらあるの？」「いくら儲かったの？」「現金はいくら残ってる？」といった――多くの情報を知ることができます。そしてこの情報は、融資元の金融機関や投資家、取引先など多くの人が健全な取引を行う上で必要な情報なのです。

先ほど例にあげた銀行のように、「この企業はお金を貸しても返してくれるのか」という観点で決算書をチェックするのは重要なことです。

他にも、企業間で大きな取引をする際には、「取引先企業が取引の対価をしっかりと払う余裕があるのか（＝取引中に倒産しないか）」ということをチェックする（これを「与信管理」と言います）のも重要です。

また、決算書は企業の経営陣が「自社の経営状態」を把握するのにも役立ちます。自社がどのような状態にあるのかをきちんとチェックすることによって、より健全な経営ができるわけです。

このように、**利害関係者のみならず、経営者にとっても決算書は重要な書類**なのです。

決算書の信頼を担保するのが「監査」

でも、**決算書の数字って、いくらでもウソの数字を書けるんじゃないの？**って思ってしまうんですけど……。

なるほど確かに、企業が作成する書類なのだから、いくらでも企業に都合のよいウソが書けるのではないか？　と思った方がいるかもしれません。

ウソの数字を公表することは**「粉飾」**と呼ばれ、しばしば大企業でも粉飾が発覚します。たとえば、東芝は2015年に粉飾決算が発覚し、大きなニュースとなったのは記憶に新しいでしょう。

このような粉飾を防止するためにあるのが、**「監査」**という制度です。これは、公認会計士という会計・監査の専門家が、**第三者的立場から企業の決算書が合理的に正しい数値であるかを確認する**ものです。

たとえば、決算書に現金の金額が１億円と記載されていれば、「実際に現金が1億円あるのか」を数えたり、銀行口座に預け入れている場合であれば、銀行に残高確認を行って口座残高が企業の数値と一致するのかを確かめたりします。このように様々な監査手続を行った上で、決算書の数値が合理的に正しいかを確認するのです。

上場企業は、監査を必ず受けなければならないと、会社法で定められています。また非上場企業でも、公益性の高い法人や証券会社など、会社の信用情報が重要な一部の企業においては監査を受けることが必須となっています。

このように、多くの企業が監査を受け、決算書の値が正しいことを保証された上で決算書を開示しています。だからこそ、私たちは決算書を信頼して利用することができるのです。

決算書の中身って？

ここまで、「決算書はどんな人が読むか」「決算書はなぜあるのか」を見てきましたが、そもそも、決算書とはどのような書類なのかをざっくりお話しします。

決算書は、一般的に**①貸借対照表（B/S）、②損益計算書（P/L）、③キャッシュ・フロー計算書（C/S）のほか、④株主資本等変動計算書（S/S）の4つ**からなります。

決算書は財務諸表とも呼ばれますが、中でも、①〜③のB/S、P/L、C/Sの情報は特に重要で、「**財務3表**」とも呼ばれます。本書でも主に取り上げるのはこの3つです。

これらの書類を見れば、会社がどのような資産を持っていて、誰からお金を借りていて、自分のお金はどれくらいあるのか（これを「財政状態」といいます）ということや、今年はどれくらい売上があり、その売上を得るためにどのくらいの費用がかかったのか、そしてどのくらい利益が出たのか（これを「経営成績」といいます）、などの情報を確認することができます。

企業は日々膨大な数の取引を行っていますが、取引ごとに記録を付けておかないと、**いま現金がどれくらい残っているのか、累計でどのくらいの費用がかかったのか、ということがわからなくなってしまう**のです。

このため、全ての企業が必ず取引を行うごとに記録をつけています（これを「仕訳」といいます)。仕訳には一定のルールがあり、いつ・何が・いくら増減したのかなどがわかりやすく記入できるようになっています。

そして、この仕訳を全てまとめたものこそが決算書で、その点で、決算書は日々の取引記録の集合体であるとも言えます。だからこそ、企業の財政状態や経営成績を決算書から把握することができるのです。

●決算書は日々の取引記録の集合体

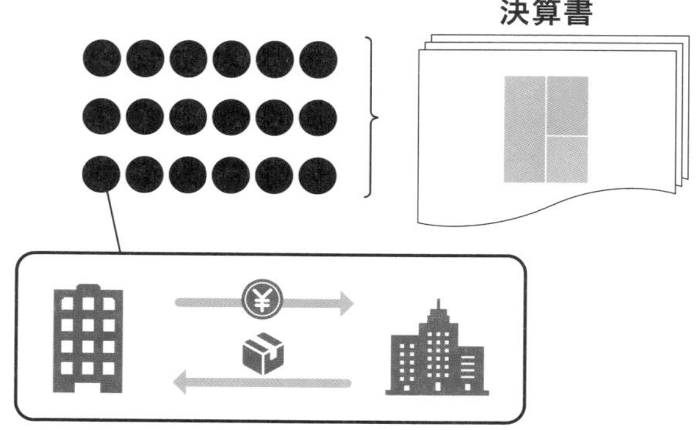

決算書を読めるようになると、決算書の背景にある取引が見えるようになり、「決算書上の売上高や利益は、なぜこの数値になっているのか？」と考えられるようになります。また、その企業のビジネスと数値を紐づけて理解できるようになり、筋の通った分析ができるようになるのです。

そもそも決算書って、どんな目的で読まれているんでしょう？

ここまで、「誰が決算書を読むのか→なぜ決算書があるのか→決算書はどんな中身から成り立つか」の流れで見てきました。

あらためて、決算書を読む人たちの目的を整理してみましょう。

決算書を読む目的って？ ①企業内部での目的について

先ほども確認したように、企業は日々莫大な数の取引を行っていて、しっかりと成果測定をしなければなりません。また、経営者はその成果測定の結果を受けて、次の打ち手を考え、実行していかなければなりません。

決算書から把握できる情報――つまり、現金があとどれくらいあるのかということや、数カ月後に現金等になる権利である売掛金などがいくらあるのか、企業の借金である借入金がいくら残っているのかということは、今後の打ち手を考える上で考慮すべき重要な事項でしょう。

決算書を読む目的って？ ②銀行や投資家などの目的について

銀行であれば「利息」というリターン、投資家であれば「配当金」や「株価の値上がり益」などのリターンを期待するでしょう。お金を貸したり、投資したりすることの対価は、将来こうしたリターンが見込めることが前提になるわけですね。

日本の証券市場は、証券口座を開設することができる人であれば、誰でも株式投資ができるようになっていますが、上場企業への株式投資を行うかどうかの判断を決算書だけで行っている人も数多くいます。そのぐらい、決算書は投資する立場の人にとって有用なものだといえるでしょう。

たとえば、他社へ製品を納入して、後から代金を回収するというビジネスを行っている企業の場合、代金の回収までに取引先企業が潰れてしまうと、代金を回収することができなくなってしまいます（これを「貸倒（かしだおれ）」といいます）。

これはビジネス上かなり大きなリスクで、できる限り避けなければなりません。そのため、こうした貸倒のリスクを抱えた企業を選別するためにも、決算書をしっかりと見た上で取引を行うかどうかを判断する企業も少なくありません。

企業の財政状態、経営成績から、企業の安全性を分析することが多いため、このような場合にも決算書は有用です。他にも決算書を利用する人はたくさんいて、それぞれの目的のために決算書が活用されます。

重要なのは、決算書は様々な目的を達成することができるものだということです。だからこそ、決算書が読めるようになれば、これら全ての目的のもとで決算書を活用できるようになるのです。

ここまでで、無理なくざっくりと「決算書の輪郭」だけでも見えてきたのではないでしょうか。
このペースで、次の章からはより詳しく決算書の中身を見ていきましょう！

Chapter 1

貸借対照表（B/S）って
どんなもの？

Chapter 1

0 貸借対照表って何だろう

B/Sだけで、業種を判断できますか？

Chapter 1では「貸借対照表（B/S）」、Chapter 2では「損益計算書（P/L）」、Chapter 3では「キャッシュ・フロー計算書（C/S）」を見ていきます。

各チャプターの冒頭にあるテーマ0では、それぞれの基本的な知識について触れたあと、テーマ1以降で実際に会計クイズを見ていく……という流れです。

では、突然ですが問題です。

この貸借対照表はどの業種でしょうか？

このB/Sは
どの業種
でしょうか？

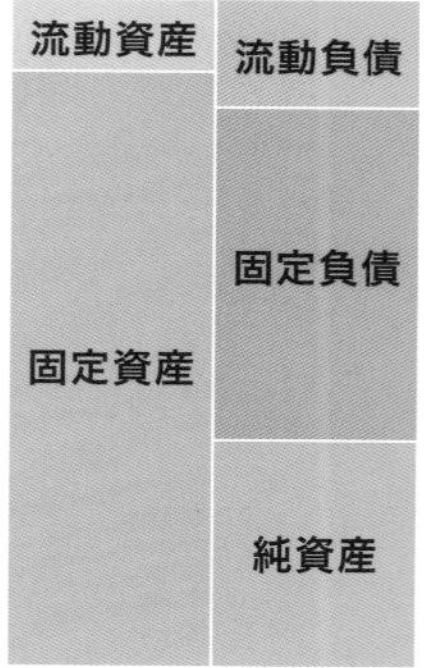

選択肢

①小売業

②IT業

③鉄道業

自分なりに根拠を挙げて、答えを考えてみてください。正解はこのテーマ0の最後で紹介します。約10P読み終えれば、必ず解けるようになります。

では、「貸借対照表（B/S）」って何だろう？　ということについてお話ししていきますね。読み終えるまで、10分ほどお付き合いください。

貸借対照表（B/S）はめちゃくちゃシンプル

経理のお仕事をされている方はよく耳にする言葉かもしれませんが、それ以外の方にとっては、あまり聞き慣れない言葉かもしれません。そもそも、言葉の意味がよくわからないという方もいるでしょう。

貸借対照表について最低限押さえておくべき点は、シンプルに言うと下記の4つです。

① 貸借対照表は、「財産の状況」がわかる

企業が保有している財産（現金や建物など）の残高を記録したものなので、「この会社には、一体いくらの財産があるの？」という情報を見ることができます。

また、借金をしている企業の場合、いくら財産をたくさん保有していても、それ以上に借金があれば、実質、財産はゼロですよね。

こうした**「財産に関する情報」（財政状態といいます）をまとめたものが、貸借対照表**です。

② 貸借対照表＝バランスシート（B/S）

英語では、「**バランスシート**（Balance Sheet)」と言い、日本でもこの頭文字を取って**「B/S」**と呼ばれます。どちらかというと、「B/S」の方が多く使われますので、ぜひ覚えておいてください。

③ 項目によって、左右にグループを分ける

B/Sでは、左側に**資産**をまとめ、右側には**負債**と**純資産**をまとめます。
（※会計用語では左側のことを「借方」、右側のことを「貸方」と呼びます）

④ 借方と貸方は一致する

資産の合計額（左側の合計額）と、負債と純資産の合計額（右側の合計額）は必ず一致します。

ここまでは基礎的な知識です。

●貸借対照表とは？

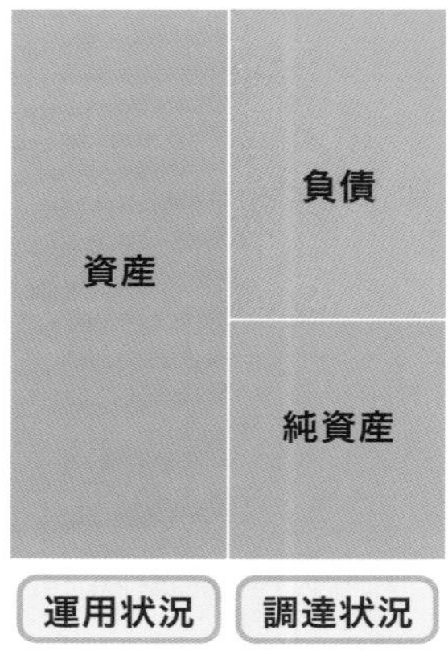

さて、B/Sの左側には「資産」、右側には「負債」「純資産」が記載されるとお話ししました。本書では、資産を水色、負債をオレンジ色、純資産を黄緑色で表していきます。

実際、その内訳として何が・どのように記載されているのかも見ておきましょう。

〈a.実際には何が記載されているの？〉

・左側（資産）——「資産」の中には、企業が保有している現金や建物などの財産の情報が記載されます。

・右側（負債と純資産）——「負債」の中には、企業の借金や債務など、他人から借りているお金の情報が記載され、「純資産」の中には、経営者が会社を設立する際に入れたお金や、会社が利益をあげることで獲得したお金の情報が記載されます。

〈b.実際にはどのように記載されるの？〉

・経営者が100万円のお金を会社に入れて、会社を設立したとします。

・100万円だけでは将来が不安なので、200万円を銀行から借ります。

以上の2つのことが起こった場合、B/Sには次の図のように記載されます。

・資産には「現金」が300万円（銀行から借りたお金と、経営者が会社に入れたお金）。

・負債には「借入金」が200万円（銀行から借りたお金）。
・純資産には「資本金」が100万円（経営者が会社に入れたお金）。

●貸借対照表の記載例①

起こったこと

- **経営者が 100 万円を会社に入れて会社を設立**
- **銀行から 200 万円を借りた**

運用状況　調達状況

これを見た人は、

「この会社は、現金という財産を300万円持っているけれど、そのうち200万円は銀行から借りたお金で、100万円は経営者自身のお金なんだ。つまり、現金300万円のうち、200万円は将来銀行に返さないといけないから、返さなくてもいいお金は、経営者が入れた100万円だけだ」

と考えることができるわけです。

ですが、この現金300万円を使って、企業が建物を購入した場合は、B/Sは次のように変わります。

●貸借対照表の記載例②

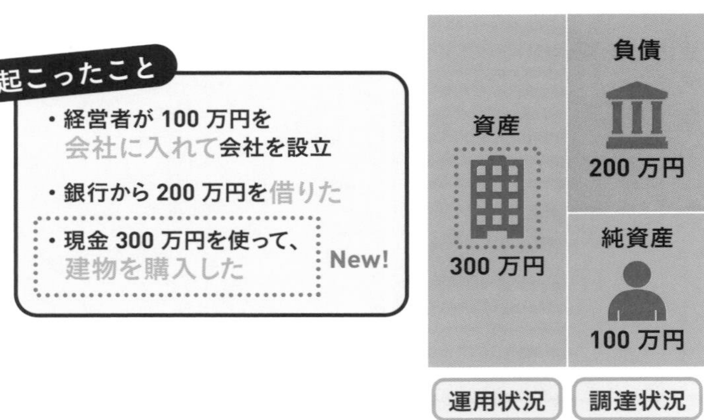

資産の「現金」が「建物」に変わったのがわかりますか？

この場合、先ほどの人の見方は、次のように変わるのです。

「この会社は、銀行から200万円を借りて、経営者が100万円を会社に入れた後、合計300万円のお金を使って建物を買ったんだな」

（※この状況には多くの考え方がありますが、簡単な考え方を記載しています）

B/Sはこのように、「会社にどのような資産があるか」という**財産の状態**のみならず、「その財産を、誰から・どのように調達してきたのか」という**調達の状況**、さらには、「企業の財産がどのような形で運用されているか」という**運用の情報**も把握できるのです。

●財産の状態：調達と運用の状況もわかる

貸借対照表
(Balance Sheet)

内容
・会社に存在する財産の状態を表す
・会社資金の調達と運用の状況を表す

貸借対照表

資産	負債
	純資産
運用状況	調達状況

もう少し踏み込んで、「資産」「負債」「純資産」のそれぞれについて詳しく見てみましょう。

貸借対照表――資産の部

●運用サイド（資産）

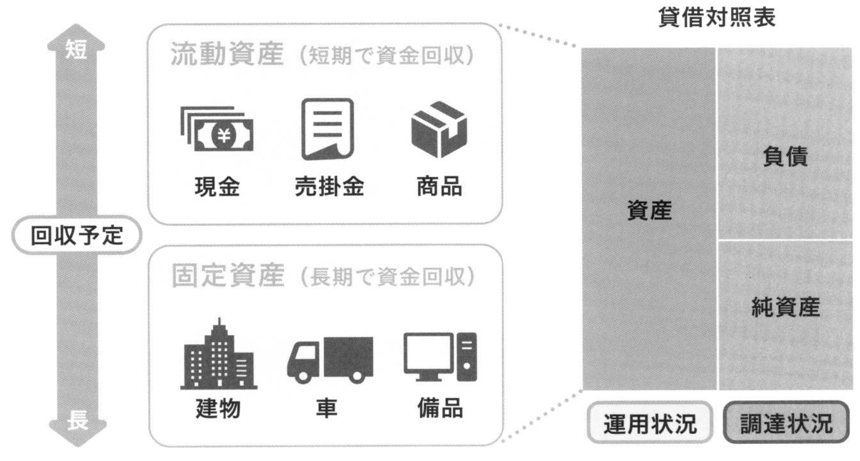

「資産」は企業に資金をもたらすものが記載されるのですが、資金の回収期間が長

期間に及ぶか否かによって、「**流動資産**」と「**固定資産**」の2つに分類され、B/Sに記載されます。

短期的に資金が回収できるものが流動資産、資金回収が長期に及ぶものが固定資産です。この短期・長期というのはここでは詳しく説明しませんが、だいたい1年以内に資金回収できるものが、流動資産になると思ってください。

流動資産には、資金そのものである現金や、売ればすぐに現金にできる商品・製品、債権など、短期的に資金回収が可能なものが該当します。

一方、固定資産には、事務所や社用車、パソコン等の備品など、資金回収が長期に及ぶものが入ります。

※固定資産は、固定資産そのものから収益を生むことは多くありませんが、事務所がなければ書類の保管や従業員の作業スペースがありませんから、間接的に売上をあげることに貢献しているといえます。固定資産は、長期間の企業経営を通じて実質的に資金回収に貢献していることから、資産として記載されるのです。

流動資産	1年以内に現金化される予定のものや、現金の代わりになるもの （例）現金、銀行の預金、受取手形、製品など
固定資産	流動資産以外の資産 （例）建物、土地、敷金　など

これは余談ですが、資産の部には「企業によっては特徴的な勘定科目が登場する」ことがあります。

たとえば、航空業界で有名なJALやANAといった企業の財務諸表を見てみると、固定資産の部に「航空機」という勘定科目名の資産が記載されています。

各企業がどんな資産を持っているのだろう？　という視点で資産の部を見てみると、「こんなものまで!?」というものも登場するので、とても面白いですよ。

勘定科目	取引を仕訳によって記録する際に、わかりやすく記録するために用いられる分類名の総称です。家計簿でいう、見出しのようなものと考えるとわかりやすいでしょう。

貸借対照表――負債の部

●調達サイド（負債）

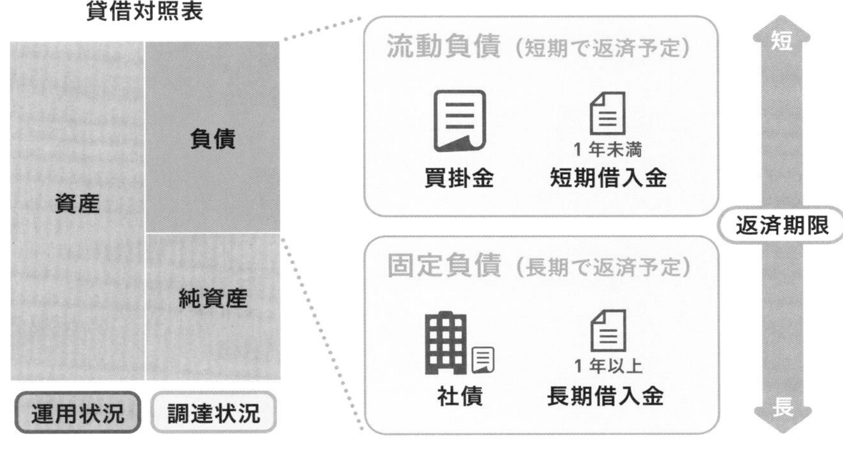

資産の次は「負債」です。

負債は短期的・長期的に企業が返済しなければならない債務が記載されます。

資産と同じように、債務の返済期間が長期間に及ぶか否かによって、流動負債と固定負債の2つに分類した上でB/Sに計上することになります。返済期間が短期間のものが流動負債、返済期間が長期間に及ぶものが固定負債ですね。

流動負債には、商品を仕入れるときの代金をツケで支払った際に生じる買掛金や、固定資産を買う時の分割払いなどで生じる未払金、借入金で返済期限が1年以内に到来する短期借入金などがあります。

一方、固定負債には、返済期限が1年以上先になっている長期借入金や、返済期限が1年以上先になっている社債などが記載されます。

負債については、返済期限が1年以上であることが大きな判断基準になります。

流動負債	1年以内に支払い予定のもの （例）支払手形、買掛金、短期借入金　など
固定負債	流動負債以外の負債 （例）長期借入金、社債、退職給付引当金　など

ちなみに、上場企業の負債の部を見ると、「退職給付引当金」という科目が記載されていることがあります。これはいわゆる退職金の支払いに備えてお金を引き当てているものなのですが、ここから「その企業がどれくらいの退職金を支給する予定なのか」を見込むことができます。

気になる企業があれば、チラリと確認してみると面白いかもしれませんね。

貸借対照表——純資産の部

●**調達サイド（純資産）**

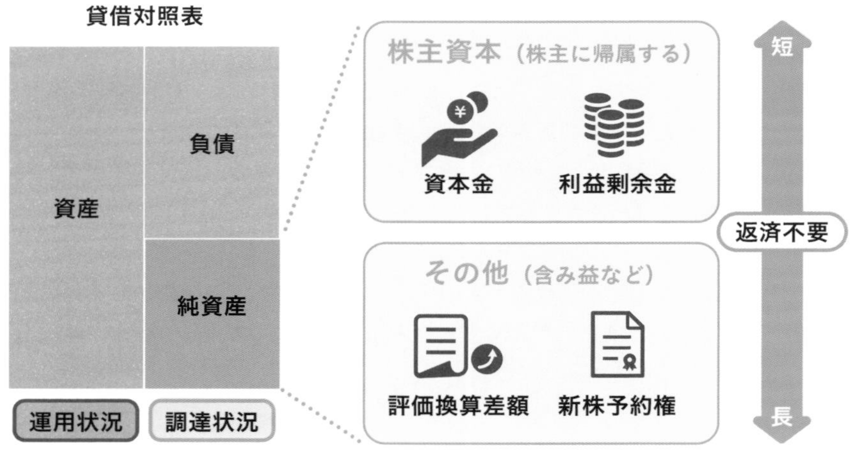

最後に、「純資産」を見てみましょう。

これは、負債とは違って**「返済が不要な資金」**のことです。

経営者が会社を作る時に入れたお金である**「資本金」**や、今までに上げた利益の積み重ねである**「利益剰余金」**などが記載されます。これらはまとめて**「株主資本」**と呼ばれます。

また、純資産には、資産でも負債でもないその他の項目も記載されます。本書では、「株主資本以外の項目」と表現していきます。株主資本以外の項目には、難しい勘定科目名が多いですが、読み飛ばしていただいて構いません。

純資産の中で特に重要なのは何だと思いますか？

答えは「株主資本」です。理由は簡単で、「その企業が真に自由に使うことができるお金」だからです。

たとえば借入金と比較してみましょう。

借入金は、決められた期限内に返済する義務がありますよね。借りた分のお金は自由に使えるけれども、借入金を返すタイミングでは、借入金を返すための現金を持っている必要があります。

つまり、「借りたお金は一時的に自由に使えるが、返済期限までに使った分のお金を用意しなければならない」ということです。

一方で株主資本は、そもそも返す義務がないので、自由に使うことができるお金なのです。

〈純資産のまとめ〉

株主資本	経営者が会社に入れたお金や、経営活動で生み出した利益 （例）資本金、利益剰余金　など
株主資本以外の項目	資産でも負債でもない項目 （例）その他有価証券評価差額金、為替換算調整勘定　など

なお、負債の合計額が資産の合計額を超えた際には、純資産はマイナスの値を取ることになりますが、このことを債務超過と呼びます。

上場企業は、債務超過の状態が1年以上続くと上場廃止になってしまいます。債務超過の企業は非常に危険な状態にあるといえるので、純資産を見る際は、企業が債務超過に陥ってないかどうかは必ずチェックすべきです。

ただし、ベンチャー企業などの新興企業においては、事業拡大のための先行投資によって、一時的に債務超過に陥ることもあります。

また、債務超過とは対照的に、今まで利益を上げ続けてきた企業は純資産の比率が非常に大きくなります。

たとえば、ニトリHDのB/Sを見ると、純資産が非常に大きいことがわかるでしょう。これは2019年２月期現在のデータですが、自己資本比率は80%を超えています。

この純資産のほとんどを占めるのが、過去の利益の積み重ねである「利益剰余金」です。32期連続で増収増益を続けるという偉業は、このような形でB/Sに表れているのです。

●ニトリHDの連結貸借対照表

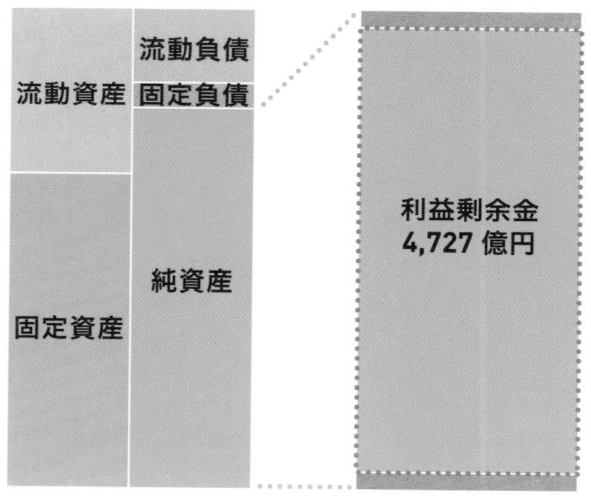

この貸借対照表はどの業種でしょうか？

最後に、冒頭でチャレンジしていただいたクイズを覚えているでしょうか。ここまでの話を踏まえて、あらためて考えてみてください。

このB/Sは
どの業種
でしょうか？

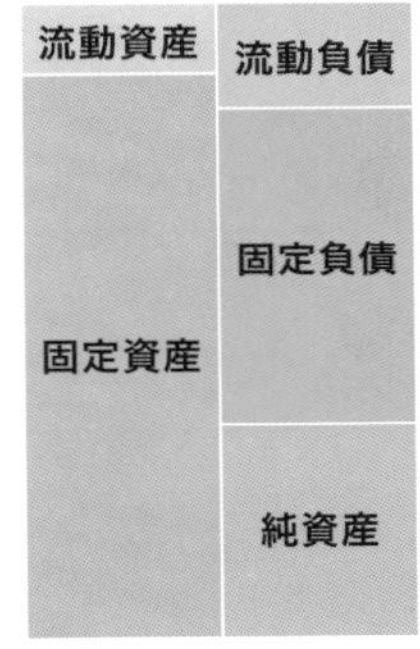

〈ヒント〉

・それぞれのビジネスに、どのような資産が必要か想像してみてください。必要な設備、建物、商品在庫があるかどうか……など、とにかくたくさんの要素を思い浮かべてみることが重要です。

・固定資産が大きいことに着目してみましょう。3つの選択肢の中で、固定資産が必要不可欠な業種はどれでしょうか？

では、正解を発表します。

正解は、③鉄道業のB/Sでした。

これは鉄道業を主たる事業としている、JR東日本のB/Sです。鉄道業の運営に必須のものといえば、なんでしょうか？　そう、車両や線路ですね。

車両や線路などは、JR東日本の固定資産です。だから、必然的にこのように固定資産がかなり大きくなるのですね。とても特徴的です。

「貸借対照表」という文字面だけ見ていると難しそうだと敬遠してしまうB/Sですが、ふたを開けてみれば意外と大したことのない、簡単な表だと思っていただけたのではないでしょうか。

単に企業にどんな資産があって、その資産をどうやって入手したのかを表しているだけだと思えば、とても理解しやすい表です。

●貸借対照表のまとめ

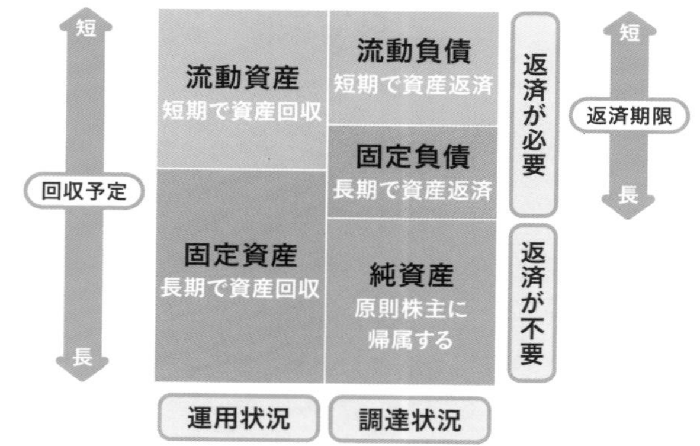

①B/Sは、資産・負債・純資産の3つから構成される。
②資産は将来、企業に資金をもたらす項目が記載される。
③負債は将来、企業が返済を行う必要のある債務等の項目が記載される。
④純資産は返済が不要なお金や、過去の利益累計額が記載される。
⑤資産側は、企業の財産がどのように運用されているのか、負債・純資産側は、財産をどのような手段で調達してきたのかということを表す。
⑥資産と負債は資金回収・資金返済の期間によって、流動と固定に分けられる。

ここまでで貸借対照表の基本は終わりです。

次からは、実際の企業の貸借対照表を元にした会計クイズを解きながら、それぞれのビジネスモデルを読み解いていきましょう。

Chapter 1

1

【中古販売】中古販売の貸借対照表を見抜け

普段利用しているだけでは見えてこない、「どんな資産を持つ企業か」を考える

さっそく身近なところから、「メルカリ」と「ブックオフ」という2つの企業の貸借対照表（以降、B/S）から比較問題を出しましょう。比べてみると、資産に大きな違いがあることがわかるはずです。これは両者のビジネスモデルの違いによるものですが、難しいことは考えず、まずは問題を見てみましょう！

Q メルカリの貸借対照表はどちらでしょう？

メルカリのB/Sはどちらでしょう？

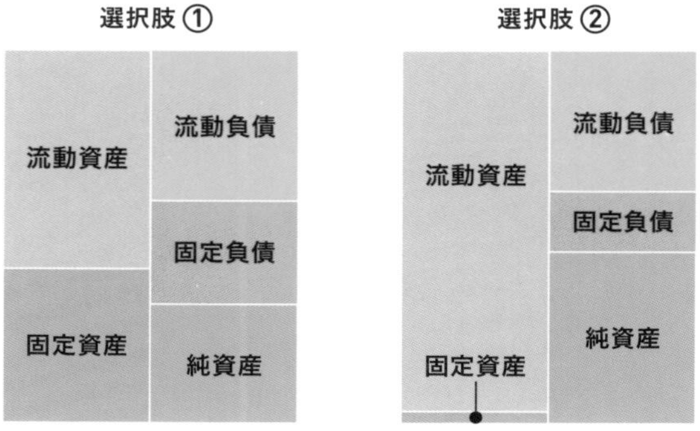

選択肢①

資産	負債・純資産
流動資産	流動負債
	固定負債
固定資産	純資産

選択肢②

資産	負債・純資産
流動資産	流動負債
	固定負債
固定資産	純資産

今回の登場企業

●**メルカリ**
アプリによる個人間の中古商品取引サービスを提供。電子マネーにも参入。

●**ブックオフグループHD**
業界のタブー「立ち読み」からシェアを伸ばす。古本以外の中古事業も。

さて、さっそく会計クイズにチャレンジしてもらおう！　①と②のうち、どちらがメルカリのB/Sだろう？　理由も考えてみてほしい。

パッと見ですけど……②がメルカリなんじゃないかな？　って気がしますね〜。IT企業って固定資産少ないじゃないですか？　パソコンさえあれば仕事できちゃうし。

すごいね、そんなところから見るんだ（笑）。私は①と②を比べたとき、明らかに②の方が流動資産が大きいことが気になったかな。

俺も②だな。ブックオフは在庫を大量に抱えてるし、倉庫なんかの存在も固定資産が大きくなりやすい原因だよね。

みんな②が多いみたいだね？　じゃあどうしてそう思うのか、もっと理由を掘り下げてみようか。

〈流動資産から考える〉

僕、さっき営業さんが言ってた流動資産って、いまいちよくわかってないんですよね〜。イメージしづらいっていうか……。

流動資産は大きく分けると「現金」「売上債権」「棚卸資産（商品）」が中心になるよ。メルカリの場合だと、流動資産の中にはどんなものが含まれるんだろう？　恥ずかしながら、まだメルカリを利用したことがなくて……。

メルカリは個人間で、自分の売りたいと思ったものをオンラインで売買できますよね。この、出品されている「商品」ってB/Sに含まれるんですかね？

いや、出品はされてるけど、商品はあくまでユーザーが持っていて、メルカリが持ってるわけじゃない。だから、メルカリの資産には含まれないはずだな。

メルカリは基本的にユーザー間のやり取りの場を提供して、手数料を取ってるビジネスってことっすよね？　なんかそう言われると、ブックオフって在庫の本がたくさんあるから流動資産が多いんじゃないかって思えてきちゃうんですけど。②がブックオフ説も考えられます？

〈固定資産からも考えてみる〉

ところで、さっき最初に学生くんが「IT企業は固定資産が少ない」って言っていましたけど、ブックオフは全国に店舗がある一方で、メルカリは全てがネットで完結するから、リアル店舗がないということですよね？

そうだね。パソコンさえあればというのは極論だけど、少ない資産でも売上を高くあげることができるのがIT企業のポイントだ。

大型の資産などがなくても売上を高く上げられるから、そもそもB/Sが小さくなるんだな。相対的に流動資産が大きく見えるだけかもね。

よし、じゃあやっぱり②がメルカリで！

正解！　②がメルカリだよ。

正解は
選択肢②が
メルカリ

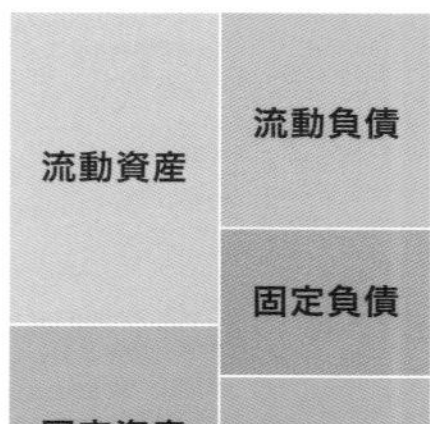

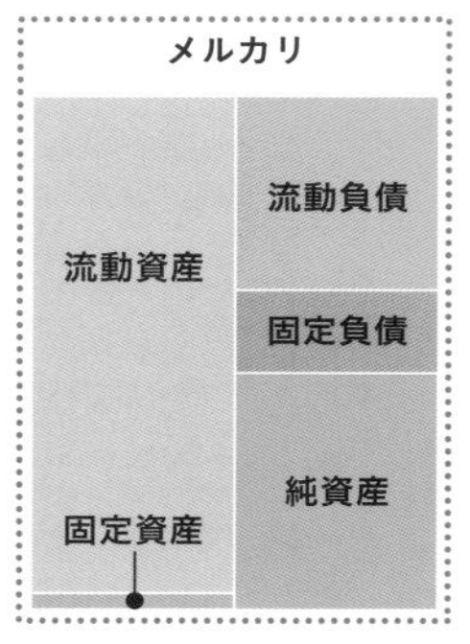

資産の違いに目をつける

いかがでしたか？　メルカリは、ほとんど設備投資を必要としないビジネスなのですが、それはメルカリの展開しているビジネスモデルに理由があります。

メルカリのビジネスモデル

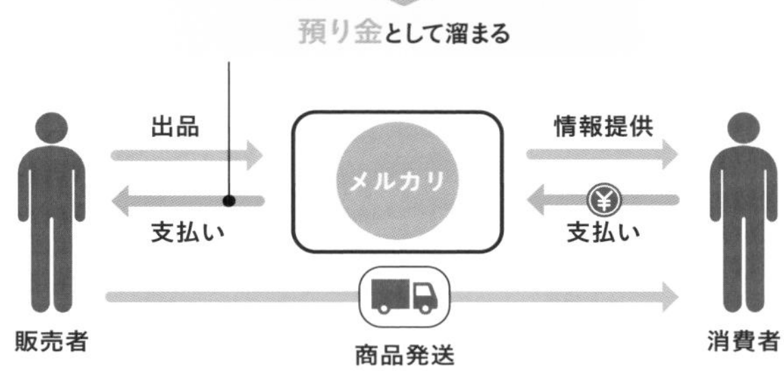

振込ごとに手数料がかかるため、販売者はまとまってから現金化させる
メルカリに現金が貯まりやすいビジネスモデルになっている

メルカリの場合、ユーザーが商品を販売すると、販売した金額（＝売上金）がメルカリの中でポイントとして貯まります。これは、手数料を払って振込をしてもらう（現金化）こともできれば、メルカリ内で商品を買うために使うこともできます。

この現金化は手数料がかかるため、ユーザーはある程度まとまった金額になった段階で振込申請などを行います。このタイムラグにより**預り金**が発生するので、「メルカリに現金が貯まりやすい」ビジネスモデルになっているのです。

メルカリの貸借対照表

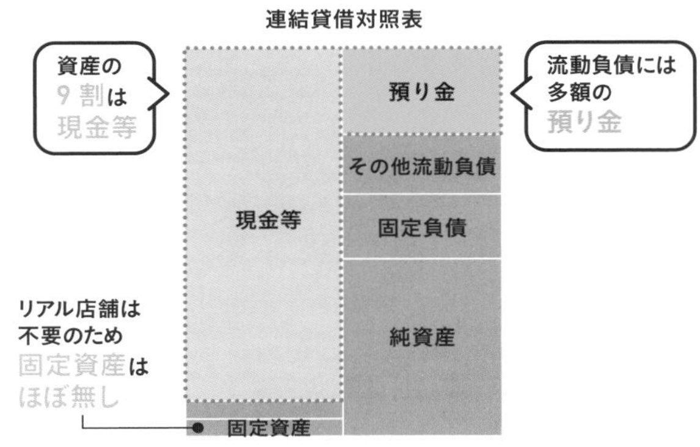

ほとんど設備等を必要としない
プラットフォームビジネスのメルカリ

実際にメルカリの貸借対照表を見てみると、現金及び預金と預り金が大きくなっていることがわかるでしょう。

実際の貸借対照表

（単位：百万円）

	当連結会計年度 （2019年6月30日）
資産の部	
流動資産	
現金及び預金	125,578
売掛金	1,341
有価証券	5,196
未収入金	14,176
前払費用	913
預け金	5,383
その他	319
貸倒引当金	△1,094
流動資産合計	151,813
固定資産	
有形固定資産	※ 1,883
無形固定資産	
のれん	1,022
その他	58
無形固定資産合計	1,081
投資その他の資産	
投資有価証券	533
敷金	2,020
繰延税金資産	1,825
差入保証金	4,526
その他	0
投資その他の資産合計	8,907
固定資産合計	11,871
資産合計	163,685
負債の部	
流動負債	
短期借入金	−
1年内返済予定の長期借入金	1,261
未払金	7,281
未払費用	1,081
未払法人税等	1,687
預り金	45,818

リアル店舗が必要なビジネスの特徴とは？

次にブックオフのB/Sの内訳を詳しく見てみると、リアル店舗があるために、固定資産や本などの商品がB/Sの資産の大部分を占めるようになっているのがわかると思います。

ブックオフHDの貸借対照表

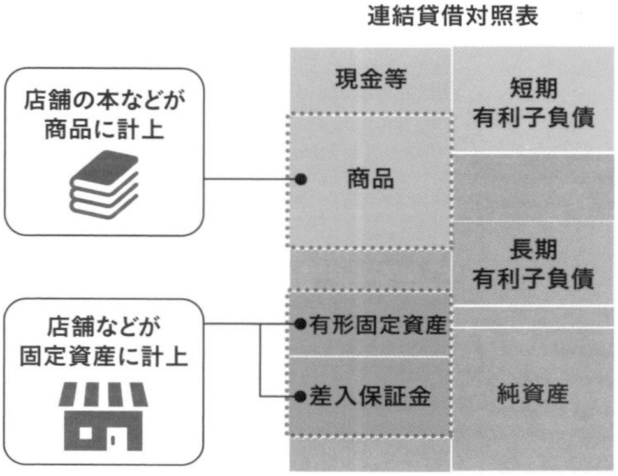

連結貸借対照表

資産	負債・純資産
現金等	短期有利子負債
商品	
	長期有利子負債
有形固定資産	
差入保証金	純資産

店舗の本などが商品に計上 → 商品

店舗などが固定資産に計上 → 有形固定資産・差入保証金

リアル店舗ビジネスのため有形固定資産が多く計上
出店資金として有利子負債も存在

左記で言うと、「商品」は店舗の本などのこと。「有形固定資産」は店舗や商品を保管しておく倉庫など、「差入保証金」は敷金などが該当します。

2社の違いをまとめると、その違いは歴然です。

●2社の比較まとめ

ブックオフ	メルカリ
仕入販売	プラットフォーム
・商品を仕入れて販売する ・在庫リスクあり ・商品が資産に計上される	・プラットフォームの利用者から手数料を徴収する ・在庫リスクなし
リアル販売がメイン	ネット販売がメイン
・店舗を出店する必要あり ・店舗が固定資産に計上	・ネット環境さえあればビジネスが可能 ・固定資産を必要としない

同じ中古販売をベースにした企業でも、ビジネスモデルは全く異なっていますね。極端な言い方をすれば、ブックオフは小売業でメルカリはIT業です。

クイズ中でも学生くんが指摘していたように、IT業は、基本的にメルカリのように固定資産が少ない（設備投資が少ない）というのは、よくある事例なので覚えておくとよいでしょう。

一見同じビジネスを展開している企業同士であっても、ビジネスモデルによって必要な資産の種類は異なります。

普段私たちが利用しているだけでは見えてこない、「その企業はどんな資産を持っているのか」を考えるのが今回のポイントでした。

IT業は固定資産が小さくなる？

IT企業はパソコンさえあれば仕事ができてしまうので、固定資産は小さくなる傾向にあります。逆に、製造業などモノを作るのに設備が必要なビジネスは、固定資産が大きくなる傾向にあります。

「その企業がビジネスをする上で何が必要なのか？」を考えながらB/Sを見ると、景色が変わるかもしれません。

Chapter 1

2

【小売】小売3社のビジネスモデルの違いを見抜け

ビジネスモデルが同じでも、B/Sに違いが出るのはなぜ？

今回は、街中でもよく見かける、家具の「ニトリ」、衣類の「ファーストリテイリング」(※ユニクロなどを展開)、シンプルな雑貨等の「良品計画」(※無印良品などを展開）の3社を取り上げます。

この3社は、**自社で企画から製造、販売までを一貫して行うSPAモデル**を採用しているのですが、ビジネスモデルが同じ企業同士でも、B/Sに違いが出るのはなぜ？　というのが、今回のテーマです。では、見ていきましょう！

ニトリHDの貸借対照表はどれでしょう？

ニトリHDのB/Sはどれでしょう？

①

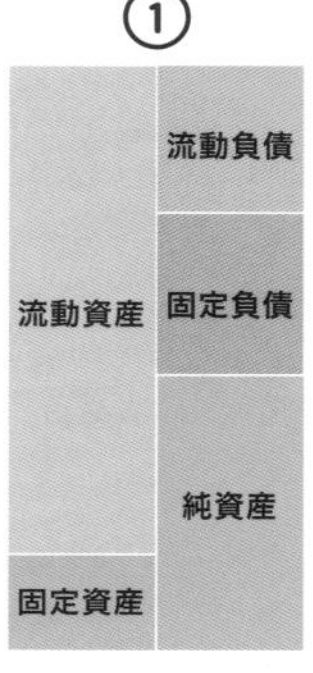

②

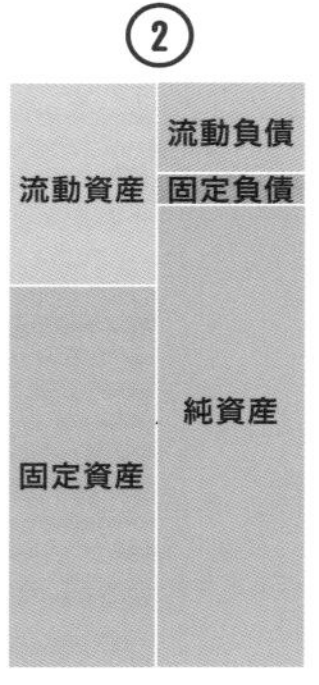

③

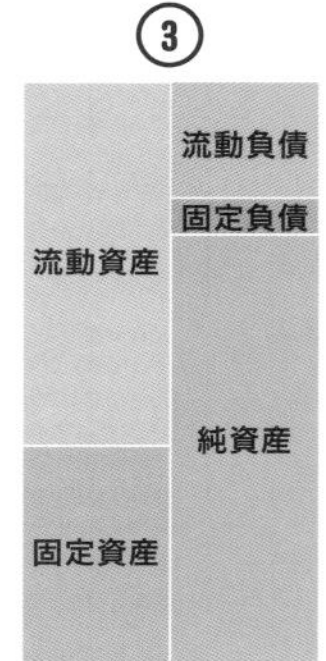

今回の登場企業

●**ニトリHD**
業界では珍しい製造小売業（SPA）を取り入れ、一代で家具小売業界の大手に。

●**ファーストリテイリング**
衣料小売業の最大手。「ユニクロ」「GU」などのブランドを展開。

●**良品計画**
「無印良品」「MUJI」ブランドの家具や衣料品・雑貨等を展開。

この3社は街中でもよく見るし、CMや広告も積極的だよね。国内だけでなく、海外にも展開している。同じ製造小売業だけど、どれがニトリのB/Sかを当ててみてほしい。

〈企業に対する前提知識で考える〉

同じ小売3社でも、売ってる商品が違うからか、やっぱり全然B/Sの形が違いますねぇ。

本当ですね〜。ニトリは家具、ファーストリテイリングは衣類、良品計画は雑貨や衣類、食品といった生活に密着した消耗品類が多いですよね。

ちなみにこの前就活でニトリの説明会行ってきたんですけど、めっちゃ優良企業らしいですよ。

そうそう、32期連続増収増益なんだよね。

そうなんですか。ということは、過年度の利益がたくさん貯まっていそうですね……。

えっ、大ヒントじゃないですか？　それなら純資産が大きい②か③がニトリかなって気がしてきますね。

ですね〜。ただ、どっちも純資産が同じくらいの比率だから、いまいち決め手にかけますね。

みんなまずは「ニトリが増収増益している」という知識から、B/Sの形を見てアタリをつけているね。じゃあ、②と③の違いはなんだと思う？ それぞれの企業の商品の特徴から考えてみたらどうなるだろう？

②と③の違いで気になるのは、**固定資産の大きさ**ですかね。

3社とも、店舗はリアルとWEB両方とも展開してますね。比べて考えてみると、店舗数が一番多そうなのはファーストリテイリングですかね？店舗数が多いなら、固定資産も大きくなるんじゃないかと思ったんですけど。だから、②がユニクロかなって。

店舗数はファーストリテイリングがぶっちぎりで多そうですね。僕は**ニトリの商材が家具なのが気になる**んですよね。家具って売り場の面積が広くなりがちなので。

確かにニトリは郊外のロードサイドなどに大型店舗を持っていて、ユニクロと無印はショッピングセンターのようなビル内にテナント出店しているイメージですね。うーん……ただ、賃料で考えると、いくら売り場面積が広くても、都心にたくさん出店している方が固定資産は大きくなるような気もするし……。

店舗もそうだけどさ、**倉庫**も考えた方がいいんじゃないかな。ユニクロと無印は倉庫は持ってるだろうけど、そもそも店内に在庫がたくさんあるよね。でも、ニトリは店内にあるのはほとんど展示品で、実際の在庫は別の場所にあるよね？

言われてみればそうですね！　しかもニトリは大きな家具類を自社で製造しているんじゃなかったでしたっけ。そうなると、店舗・倉庫・工場の全てが大型化しそうですね……。

あれ？　同じSPAモデルを採用してる企業だけど、ファーストリテイリングと良品計画は自社で製造してないんですか？

確か、工場を持ってるのはニトリだけだったと思う。衣類は国内外に高品質の製造工場がたくさんあるからね。自社で工場を持つ必要があまりないだろうな。

じゃあ、純資産が大きくて固定資産も大きい②がニトリですね！

正解！　②がニトリだよ。

正解は
選択肢②が
ニトリHD

ファーストリテイリング

流動資産 / 固定資産 / 流動負債 / 固定負債 / 純資産

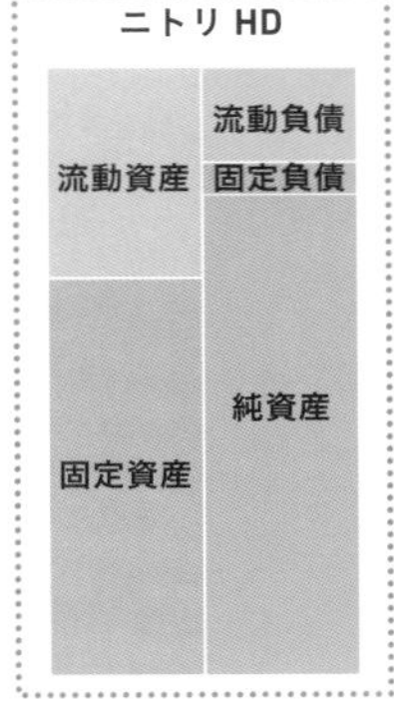

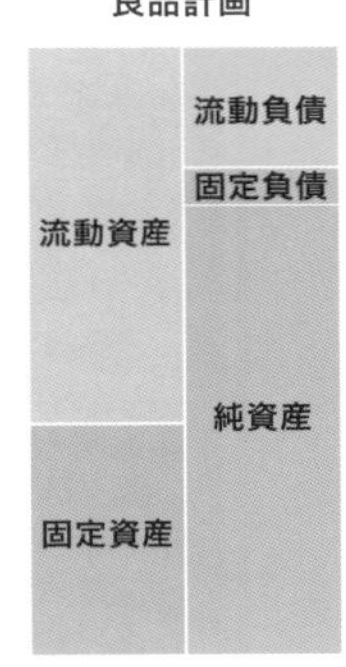

この時期（2019年）のファーストリテイリングは借入をして現金がたっぷりある状態なんだな。

そうなんですね。ファーストリテイリングは流動資産が多くて固定資産が少ないし、さっきのメルカリじゃないけど、ぱっと見IT企業みたいなB/Sの形に見えますね〜。

ニトリは郊外に多数の店舗があり、家具という商品の特徴から、一店舗あたりの売り場面積が広くなっています。

また、家具などを購入する際、顧客は店内にある展示品を見るだけでよく、手ぶらで買い物できるのが特徴ですが、ニトリはその「顧客が買った商品を家まで配達する物流」まで持っているんです。

この3社のうち、工場と物流設備を保持しているのはニトリHDだけで、ファーストリテイリングと良品計画は提携企業が中心となっています。ニトリHDは工場と物流設備を抱えているため、設備類である固定資産が非常に大きくなっているのが特徴ですね。

●ニトリHDの連結貸借対照表

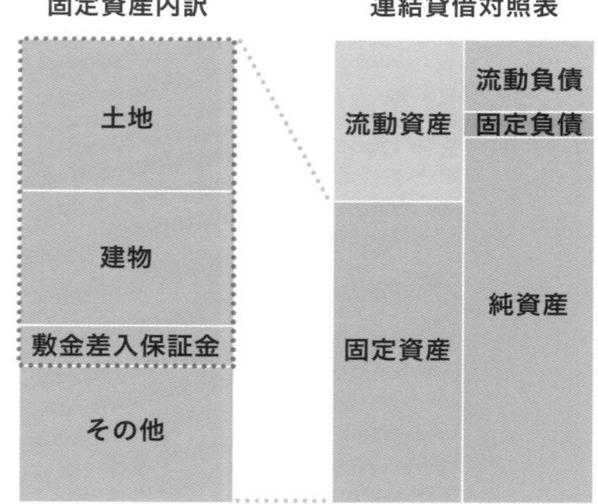

最初に②と③を絞る決め手になった純資産サイドでみると、32期連続増収増益によって、純資産（繰越利益剰余金）がとても厚くなっているのがわかりますね。

●ニトリHDの連結貸借対照表

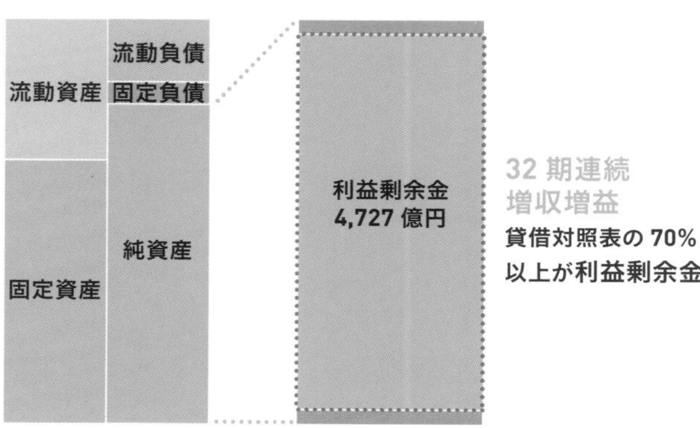

補足なんだけど、ファーストリテイリングは今後の事業拡大に向けて近年継続して多額の資金調達を行い、その結果として現金等を多く保有していることから、流動資産がとても大きくなっているんだ（2019年8月決算時）。

Column 1

決算書からその企業の給与もわかる？

少し俗っぽい例ですが、決算書からは企業の戦略以外に、その企業の給与も推定することができます。

① 役員報酬

役員報酬を把握するには、有価証券報告書の「第4　提出会社の状況」という章の「コーポレート・ガバナンスの状況等」の中にある「役員の報酬等」という場所を見てみてください。ここには報酬の決定方法や、役員に総額でいくらの役員報酬を出すのか、1億円以上の報酬を受け取る役員の個別の報酬額などが記載されており、「その会社の役員まで出世するとどれくらいの報酬が見込めるのか」を把握できるのです。

ちなみに「コーポレート・ガバナンスの状況等」の中には役員の略歴も記載されているので、昇進しやすい部署も推定できます。

② 従業員の給料

従業員の給料を把握するには、有価証券報告書の「第5　経理の状況」を見てみましょう。P/Lの中に給料が記載されていますが、これが従業員に対して払った給料の総額になります。

次に「第1　企業の概況」という章の「従業員の状況」を見れば、従業員数がわかりますので、この2つの数字を使って、1人あたりの給料額を推定することができるというわけです。

このように、有価証券報告書を使えばより多くの情報を知ることができます。皆さんも企業について調べるときは、決算書だけではなく、色々な情報に触れてみてください。見える世界がより広がると思います！

Chapter 1

3

【銀行】
銀行3社のビジネスモデルの違いを見抜け

同じ銀行業なのに、B/Sの内容が全然違う？

そろそろ会計クイズの雰囲気に慣れてきたころでしょうか？　3問目ということで、ここからはB/Sの内容がより詳しくなっていきます。

今回の登場企業は金融機関の3社ですが、①同じ銀行業でも、B/Sの形が違うということ、②銀行のB/Sは形が独特であること、この2つが、今回のポイントです。

さぁ、見ていきましょう。

Q セブン銀行の貸借対照表はどれでしょう？

セブン銀行の
B/Sは
どれでしょう？

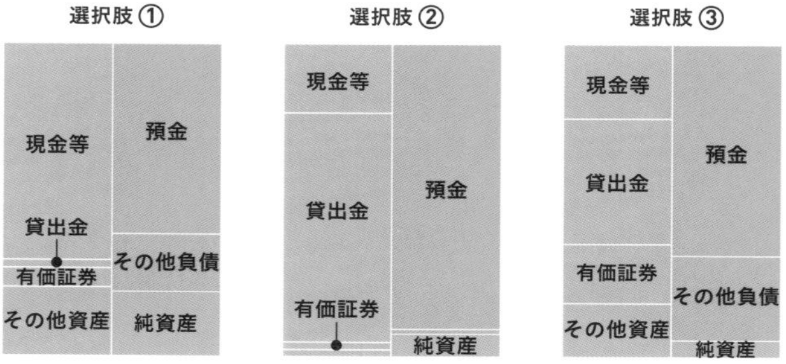

選択肢①
現金等
預金
貸出金
有価証券
その他負債
その他資産
純資産

選択肢②
現金等
貸出金
預金
有価証券
純資産

選択肢③
現金等
預金
貸出金
有価証券
その他負債
その他資産
純資産

今回の登場企業

●三菱UFJ銀行
日本を代表する大手金融機関。

●スルガ銀行
静岡・神奈川を地盤とした地方銀行。融資業務が主力。

●セブン銀行
セブン&アイ系列の銀行。コンビニにATMを設置。

〈銀行のB/Sは形が違う〉

……これって、本当にB/Sですか？　さっきの問題1と2で見たのと形が違うんですけど……。

中身というか、内訳の勘定科目が詳細になってるし……流動も固定もないみたいだね。というか、「預金」って項目があるけど……？

素朴な疑問なんですけど、そもそも預金って資産じゃないんですか!?　これ、右側にあるってことは、負債扱いってことですよね？

預金は企業側の視点で見れば資産ですが、銀行側の視点で見ると、「口座から引き出されたらお金を渡さなければならない」ので、負債の性格を持っているってことですね。だから右側に預金が来ているんです。

ならB/Sの形は違うけど、考え方は他の企業と同じってことですよね。

〈資産サイドから考える〉

じゃあみんな、どれがセブン銀行のB/Sだと思う？

うーん……。それぞれ大きいところから見ていくと……①は現金等、②は貸出金が大きくて、③は各項目バランスよく並んでますね。

最初、一番現金等の多い三菱UFJ銀行が①なんじゃないかなって思ったんですけど……。顧客の数も多いし、ATMを稼働させるのに現金が必要になるんじゃないかなって。

ああ、なるほど。ただ、B/Sを見る限り、①は貸出金が全然ないんですよね。**貸出金がないってことは、そもそもお金を貸さないビジネス**なんじゃないでしょうか……。三菱UFJ銀行は当然融資もやっているはずなので、①は考えにくいんじゃないかなと思いました。

なるほど。逆に、②と③は貸出金が結構あるので、融資業務をやっているってことですね。

融資かぁ。たとえば、地方銀行（地銀）とメガバンクなら地銀は融資がメインですよね？　地方銀行って地域に根付いてて、地方の中小企業などに融資をして成り立っているというか……。

だね。でも、メガバンクはグローバルに展開していたり、色々な収益元を用意しているから、B/Sの形が偏らないんじゃないかなと思う。

〈負債サイドから考える〉

投資家さんの言うように、メガバンクは多様な手段でビジネスをしていますね。となると、③は三菱UFJ銀行なんじゃないかな、と思います。①は貸出金がないので融資業務を行っている三菱UFJは該当しませんし、②も三菱UFJにしては事業が偏っていそうですから。

じゃあ①か②がセブン銀行の可能性が高いですね。

負債サイドから見たときなんだけど、②はほぼ預金だけで資金調達してるんだよ。裏を返せば、それだけでまかなえちゃうレベルの規模感のビジネスってことだよね。

なるほど……。

〈①と②のビジネスモデルの違いから考える〉

じゃあ話を戻そうか。①か②がセブン銀行だけど、この2つってそもそも大きくB/Sの形が違いますよね。

①は融資業務はほとんどしていなくて、現金が明らかに多い。②は融資業務をメインにした事業を展開している銀行ってことですよね。

地方銀行は融資がメインだし、②がスルガ銀行だろうなぁ。

ということは、①がセブン銀行ですね！

その通り。①が正解だ！

今回は、「貸借対照表の中身を見て、どのような事業を展開しているかを見抜けるかどうか」が肝でした。

会話中でも話題になっていましたが、銀行のB/Sは表示の仕方が一般的な企業と異なります。

〈預金・貸出金とは何か〉

事業会社であれば、通常、**預金**は現金と同じように資産になります。ですが、銀行から見たらどうでしょうか。あくまで「他人から預かっているお金であり、返さなければならない」という義務があります。なので、預金は**負債**に入るんですね。

一方の**貸出金**は、お金を借りる側の企業からしたら、返済する義務があり、通常は負債に計上されます。しかし、これも預金の考え方と同様で、お金を貸す側の銀行視点では「あくまで他人に対して貸し出しをしていて、将来返してもらうお金」なので、**資産**に計上されます。

〈銀行の３大業務と、「第４の業務」〉

銀行の主な業務は3つです。

●銀行の３大業務

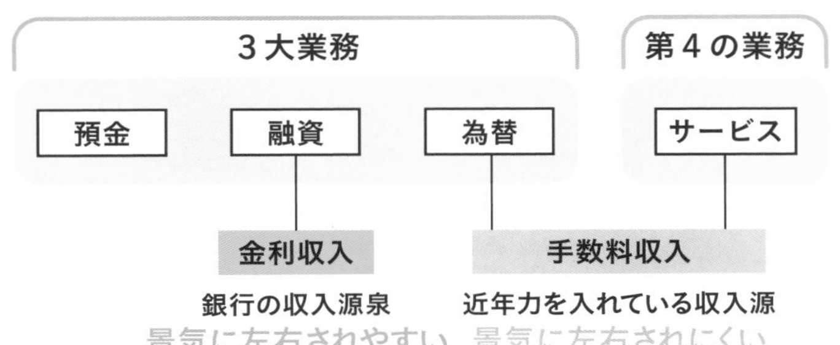

・顧客から資金を預かる「預金」
・顧客から預かった預金を、資金を必要としている顧客に貸し出す「融資」
・顧客からの依頼によって、別の口座や海外に送金したり、顧客に代わり小切手や手形の代金を受け取る「為替」

これらは銀行の3大業務と呼ばれ、ここに付随する手数料は銀行の大きな収益源となっています。

また、近年は第4の業務として、「サービス」があります。

●伝統的な銀行のビジネスモデル

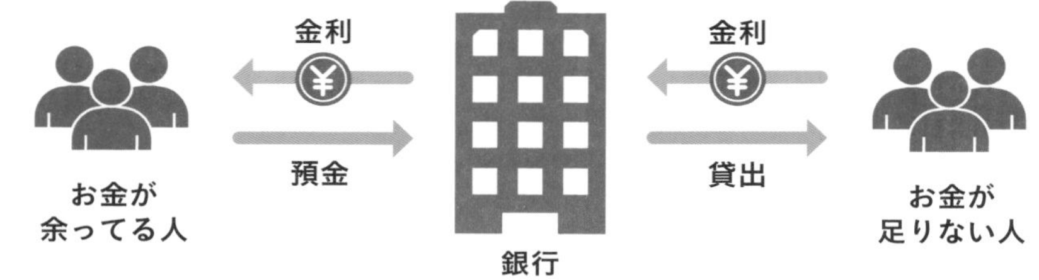

銀行の主な収益源は
資金調達コストと運用コストの利ザヤで利益を生み出す貸出金業務です

そもそも伝統的な銀行のビジネスモデルは、「預かったお金の金利よりも高い金利で他人にお金を貸し出すことで儲ける」のが基本でした。

●貸出金がメイン収入のスルガ銀行

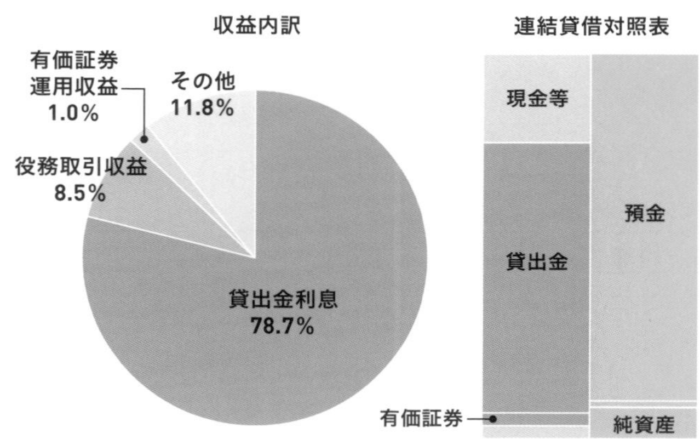

地方銀行においては、中小企業への融資や、一般人の住宅ローンといった利用が多いため、貸出金（ローン）が中心の事業となります。

左の図を見ても、預金だけでほぼ貸出金をまかなえているのがわかるでしょう。ここから、メガバンクと比較したときに、事業の規模感が違うことも窺えます。

●様々な収入源を扱う三菱UFJ銀行

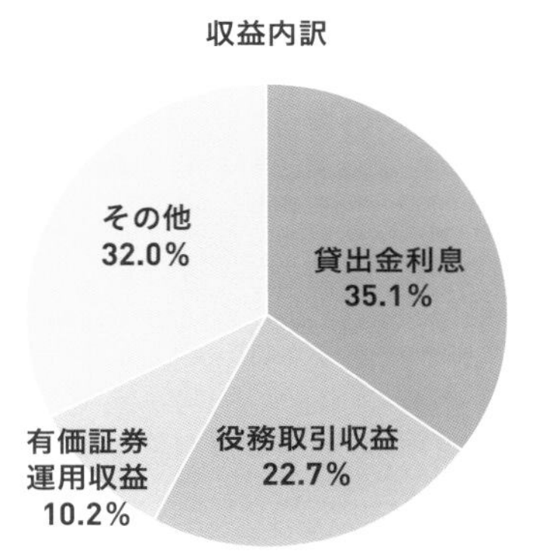

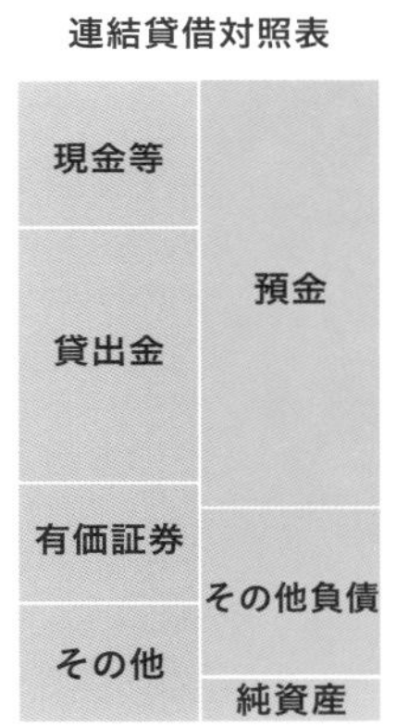

地方銀行と比べると、メガバンクとなる三菱UFJ銀行は資産項目・収益項目がバラエティに富んでいるのがわかります。

収益の内訳を見ると、全体の35.1%は貸出金利息で収益の中心です。ただ、「役務取引収益」も22.7%あり、為替業務で儲けていることもわかります。

融資業務はもちろん、有価証券の運用業務やM&Aのアドバイザリー業務なども行っているため、B/Sの資産はバラエティに富んだ内容となっています。一方B/Sの負債も、顧客の預金だけではこれらの業務を行うための資金が賄えないため、別の手段の資金調達もしていることから地方銀行のスルガ銀行に比べ預金の占める比率が少なくなっています。

だから、その他の負債が一定程度計上されているのです。

セブン銀行のビジネスモデル

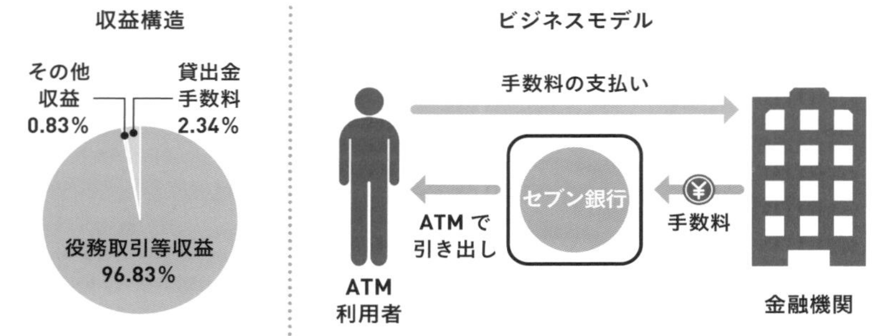

セブン銀行の主な収益元はATM利用者から支払われる手数料でなく
提携金融機関からの手数料です

〈セブン銀行はATMで儲けている〉

一方のセブン銀行はというと、ATM主体のビジネスを行っています。

確かに、セブン銀行のATMはたくさん見るけど、店舗は全然見たことないなぁ。

ATMそのものがないとビジネスができないから、その分固定資産が大きくなるんですね。

セブン銀行って、そもそもどこで儲けているんでしょう？　私たちが支払っているATM手数料って、「セブン銀行」と「振込先の銀行」どちらの収益になっているのかな……。

そうなんです。

実はセブン銀行は、顧客が使用するATMの手数料により儲けるビジネスではなく、**金融機関から受け取る手数料で儲けるビジネス**になっているのです。B to C（企業対消費者）ではなく、B to B（企業対企業）で儲けるビジネスということです。

セブン銀行の貸借対照表

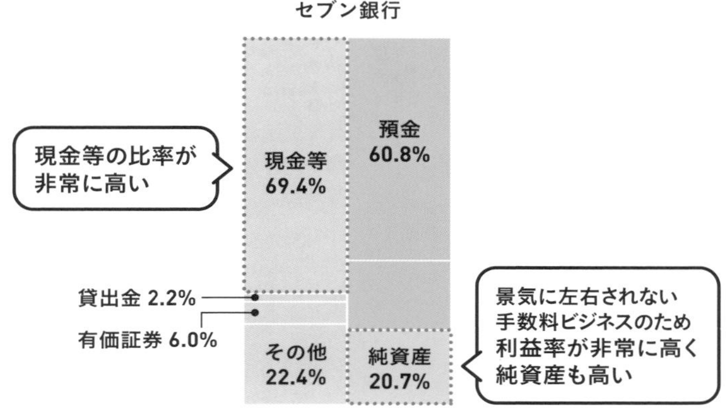

ATMビジネスは景気の影響をあまり受けず、現金とATMの機械さえあれば儲けられるビジネスなので、融資業務に比べ高い利益率を維持することができるという特徴があります。

セブン銀行のビジネスモデル

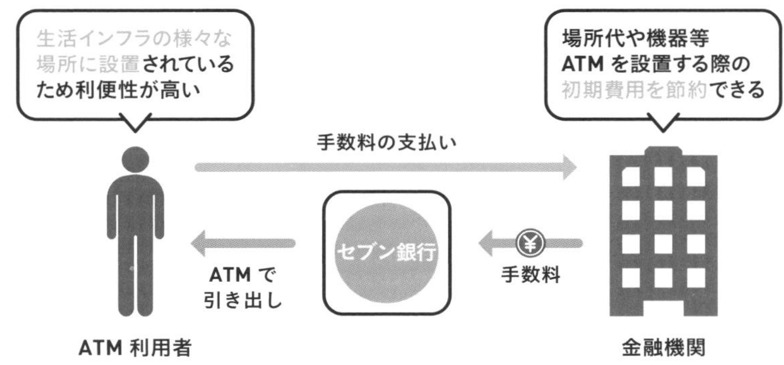

ATM 利用者にとっても提携金融機関にとっても
セブン銀行は魅力的なサービスとして機能している

もし「ATM事業で儲けよう！」と思ったときに困るのは、設置場所の用意です。ATMは色々な場所に設置されている必要があります。

しかし、すでにセブン–イレブンという国内最大手のコンビニが、いろいろな場所に店舗を持っています。ATM設置に関する初期費用を大幅に節約することができるのは、他の銀行との大きな違いです。

Chapter 1

4

【自動車関連】自動車のビジネスモデルの違いを見抜け

同じ業種でも、貸借対照表の形が変わる？

さて、B/S最後の問題となりました。今回は自動車関連事業の3社です。言わずと知れた大手自動車メーカーの日産自動車、駐車場ビジネスとモビリティ事業（レンタカー、カーシェア）で儲けるパーク24、タクシーの運転手と利用者をマッチングするサービスで稼ぐアメリカ資本のウーバー・テクノロジーズ。この3社は、**同じ自動車関連事業でも、ビジネスモデルが違うため、貸借対照表の形がかなり異なります。**

最後の問題ということで、B/Sの内訳もより詳細になっています。では、見ていきましょう！

パーク24の貸借対照表はどれでしょう？

①

資産	負債・純資産
現金等	仕入債務
売上債権	有利子負債
その他流動資産	その他流動負債
有形固定資産	有利子負債
その他固定資産	その他固定負債
	純資産

②

資産	負債・純資産
現金等	有利子負債
売上債権	未払費用
その他流動資産	その他流動負債
有形固定資産	有利子負債
無形固定資産	その他固定負債
その他固定資産	純資産

③

資産	負債・純資産
現金等	未払費用
その他流動資産	その他流動負債
有形固定資産	有利子負債
投資有価証券	その他固定負債
その他固定資産	純資産

今回の登場企業

● **日産自動車**
グローバルに展開する大手自動車メーカー。

● **パーク24**
駐車場ビジネスとモビリティ事業を行う。

● **ウーバー・テクノロジーズ**
タクシー運転手と利用者をマッチングするサービスを提供。

〈まずは各社のビジネスから考える〉

ちょっと一旦、「それぞれどんなビジネスをしている会社か」っていうのを整理したいんですけど、いいですか？

賛成です。
まず、日産自動車は車を作って、日本のみならず世界で販売している自動車メーカーですね。

日産はそういった意味だと、工場があるので固定資産はある程度大きくなりそうですね。

対してパーク24は駐車場ビジネスですね。営業なので社用車をよく使うんですが、パーク24の駐車場はどこに行ってもよく見ます。レンタカーとカーシェアのモビリティ事業もやっているようですが、私はまだ利用したことがないですね。

ウーバー・テクノロジーズは外資で、「Uber」っていうタクシー運転手と乗客をマッチングするサービスを中心に稼いでるね。日本だと規制が厳しくてウーバーの参入はまだまだこれからってとこだけど、欧米に行くとUberの個人タクシーが多くてすごく便利だよ。

ウーバーってまだ使ったことがないんですが、アプリで乗る場所と行先を指定すると、近くにいる車を配車してくれるんですよね？　その車って、ウーバーが所有してる車なんでしょうか？

いや、あれはただのマッチングだから、ウーバーは自分たちで車は持っていないはずだね。

となると、さほど固定資産は大きくならない可能性がありますね。

〈大きな違いから目をつける〉

じゃあここからが本題で、3社の違いなんだけど……。大きいところから見ていくと、**有形固定資産が明らかに1つだけ小さい**のがあるんだよ。

③ですね。これは……日産みたいに自動車工場を持つにしろ、パーク24のように駐車場とかカーシェア事業をやるにしろ、どう考えても固定資産が小さすぎる気がしますね。

じゃあ③がウーバーでしょうか。となると、①か②がパーク24の可能性がありますね。

先ほど学生くんも言っていましたが、日産は自社工場を持っているでしょうし、有形固定資産は大きくなりそうですよね。自動車を作るなら、相当な面積も必要だと考えられますし。

一番有形固定資産が大きいのは②ですね。②が日産だとしたら、車を作る際にある程度の資金が必要だから、有利子負債が膨らんでいるんじゃないかな、とも思いました。

よし、じゃあ②が日産自動車ということで、パーク24は①だと思います！　大手町さん！

……。

……。

残念！
正解は②がパーク24でした！

え～!!

正解は
選択肢②が
パーク24

日産自動車

資産	負債・純資産
現金等	仕入債務
売上債権	有利子負債
その他流動資産	その他流動負債
有形固定資産	有利子負債
その他固定資産	その他固定負債
	純資産

パーク 24

資産	負債・純資産
現金等	有利子負債
売上債権	未払費用
その他流動資産	その他流動負債
有形固定資産	有利子負債
無形固定資産	その他固定負債
その他固定資産	純資産

ウーバー・テクノロジーズ

資産	負債・純資産
現金等	未払費用
その他流動資産	その他流動負債
有形固定資産	有利子負債
投資有価証券	その他固定負債
その他固定資産	純資産

惜しかったね。③がウーバーだというのは合っていたんだ。1つ見逃していたのは、**もしも①がパーク24だとしたら、売上債権がこんなに膨らむのか？** ってことなんだ。

やや気にはなっていたんですが、駐車場やカーシェアの支払いがクレジットカード払いなどが多いのかな？　と思ったんです。だから、実際に売上が立ってからパーク24に現金が入ってくるまでの間があるので、売上債権になっているのかな、と……。

なるほど、いい視点だと思う！　ただ、もし①がパーク24だった場合に、有形固定資産の額を超えるほどのクレジットカード決済金が貯まるだろうか？　と考えてみてほしい。

確かに、そう言われるとおかしいですね……。

すみません、そもそも売上債権って何なんでしょう？　イメージしづらくて……。

売上債権は、簡単に言うと「あとでお金を受け取る権利」のことだよ。たとえばクレジットカード決済をすると、その金額は後日、クレジットカード会社からまとめて請求があるよね。請求された額を僕たちが支払うことは約束されているけど、僕たちが支払うまで、クレジットカード

会社は入金がないわけだ。そういうものが売上債権に計上されているよ。

なるほど！　売上は約束されているけどまだ入金がないってことなんですね。

では、解説していきましょう。

まず③がウーバーというのは合っていました。この3社の中で、ウーバーだけはほとんど資産を必要としません。タクシーと利用者を結ぶサービスであるため、配車のプラットフォームのための固定資産だけは必要になりますが、車などの設備を用意する必要がなく、有形固定資産が小さくなるんです。

スマホと、利用してくれるユーザーと運転してくれるユーザーさえいれば回るビジネスというわけです。

●ウーバー・テクノロジーズ　ビジネスモデル

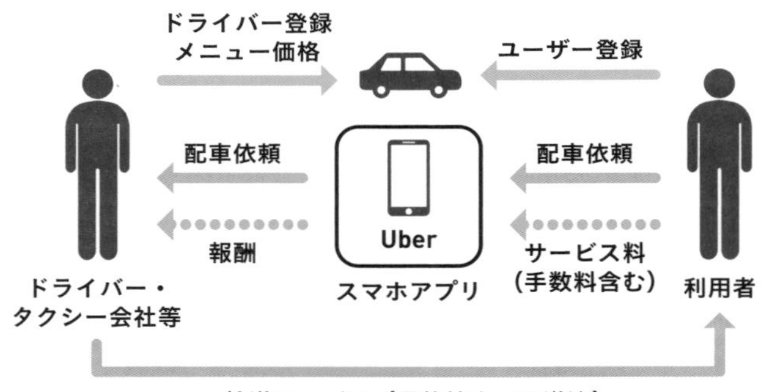

多額の固定資産を必要としないビジネスモデル

しかし、ウーバーの連結貸借対照表を見ていただくとわかるように、有形固定資産が小さい一方で、資産全体で見ると、資産に対する投資有価証券の割合が大きくなっています。

これは、ウーバーが中国の配車アプリであるDiDi社に対して投資を行っており、「投資有価証券」の計上があるためです。

連結貸借対照表

資産	負債・純資産
現金等	未払費用
	その他流動負債
その他流動資産	有利子負債
有形固定資産	
投資有価証券	その他固定負債
	純資産
その他固定資産	

ウーバー投資有価証券の内訳

Note 3 - Fair Value Measurement
The Company's investments on the condensed consolidated balance sheets consisted of the following as of December 31, 2018 and June 30, 2019(in millions):

	As of	
	December 31, 2018	June 30, 2019
Non-marketable equity securities:		
Didi	$ 7,953	$ 7,953
Other	32	94
Debt securities:		
Grab[1]	2,328	2,334
Other[2]	42	34
Investments	$ 10,355	$ 10,415

DiDiへの投資有価証券が固定資産の大半を占める

連結貸借対照表

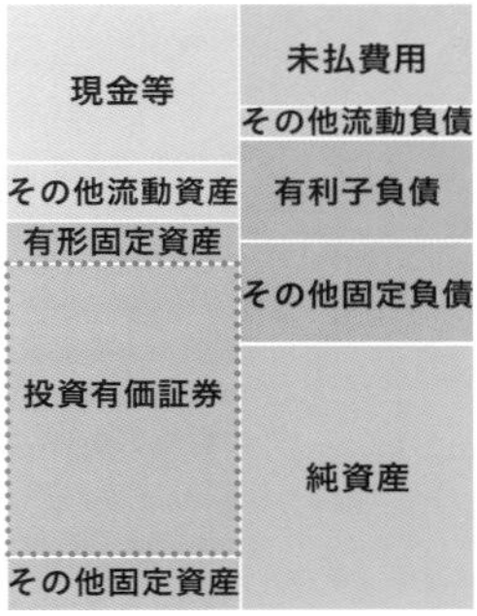

現金等
未払費用
その他流動負債
その他流動資産
有利子負債
有形固定資産
その他固定負債
投資有価証券
純資産
その他固定資産

ちなみに、パーク24はウーバーとは対照的に、カーシェアのための車や駐車場のための土地など、有形固定資産が大きく必要になるビジネスです。

次に、日産自動車を見ていきましょう。目に入るのは、流動資産の大部分を占める販売金融債権（売上債権）ではないでしょうか。

これはなぜかというと、**車を購入する際のローンが計上されている**からなんです。

日産自動車の連結貸借対照表

（単位：百万円）

	前連結会計年度 （平成30年3月31日）	当連結会計年度 （平成31年3月31日）
資産の部		
流動資産		
現金及び預金	1,134,838	1,219,588
受取手形及び売掛金	739,851	512,164
販売金融債権	※3, ※6 7,634,756	※3, ※6 7,665,603
有価証券	71,200	139,470
商品及び製品	880,518	827,289
仕掛品	91,813	64,386
原材料及び貯蔵品	318,218	366,248
その他	※6 775,771	※6 945,449
貸倒引当金	△116,572	△127,092
流動資産合計	11,530,393	11,613,105

流動資産の大部分を占める販売金融債権

連結貸借対照表

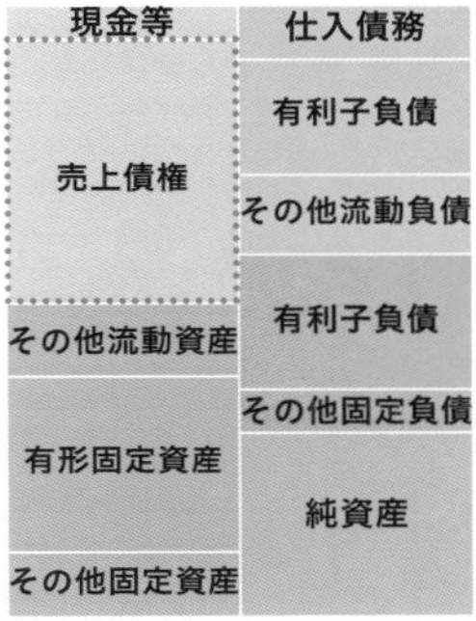

現金等
仕入債務
有利子負債
売上債権
その他流動負債
その他流動資産
有利子負債
その他固定負債
有形固定資産
純資産
その他固定資産

●ローンによる自動車購入

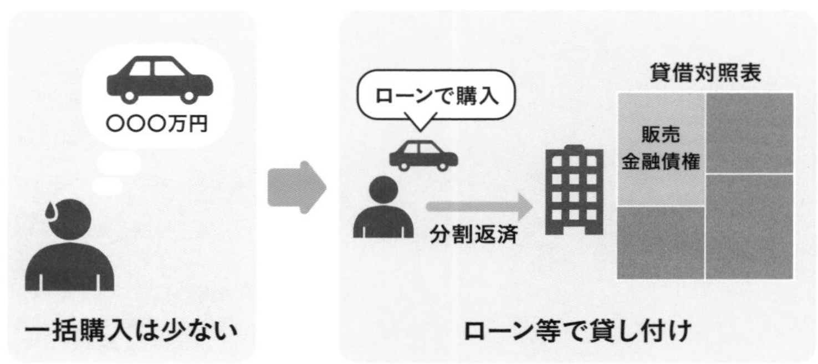

自動車ローンを組んで購入した場合
販売金融債権として貸借対照表の流動資産に計上される

基本的に車は高額な商品であり、ローンを用いて購入することが一般的ですよね。この自動車ローンの販売金融債権が、自動車メーカーの**有形固定資産を凌ぐ流動資産（売上債権）**としてB/Sに計上されているんです。

●自動車産業の金融ビジネス

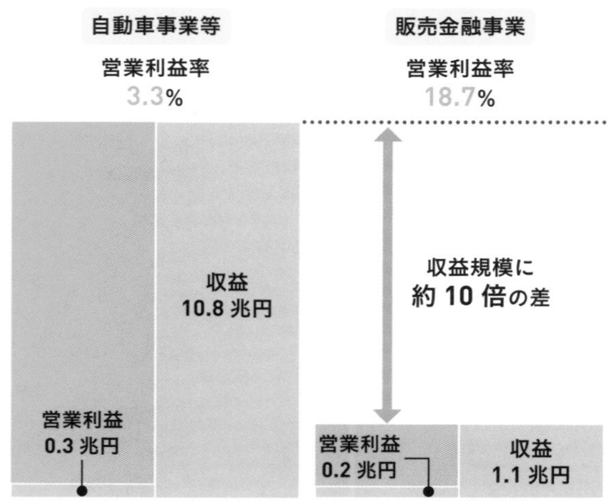

金融収益により利益を上げるビジネス

日産の自動車業とローン業の収益・費用・利益の比較を見てみると、（収益の）規模感としては10倍以上の差がありますが、営業利益ベースではほぼ同額の利益が上がっており、これが日産の大きな収益源になっているということが窺えます。

「この企業は、何の資産を使ってお金を稼いでいるのだろう？」という視点で見ると、日産は「車を売って儲けている」だけではなく、「車を売る際の金融ローンでも儲けている」ということがわかるのです（実際に上図を見ると、自動車を売るよりも、自動車販売に伴う金融ローンの方が利益率がいいということが見えてくるでしょう）。

ちなみに、この金融ビジネスを取り入れないと、日産は顧客から車を買ってもらえなくなります。もしみなさんが車を買いたいと思ったときに、「うちの車は現金で一括購入しかできません」と言われたら、果たしてその企業から車を買うでしょうか。これは逆説的ですが、金融ビジネスをすることによって、車も売れるし、金融でも儲けられるというわけです。

最後は、パーク24です。おそらく、多くの方は「駐車場の会社でしょ？」こんなイメージが強いかもしれません。ただ、パーク24が最も力を入れているのは、カーシェア事業なんです。

日本のカーシェア業界におけるシェアは、なんと80％以上。

●パーク24がカーシェア業界を牽引

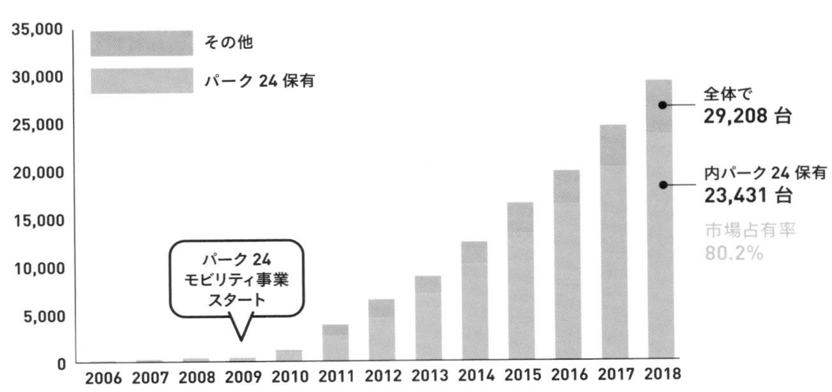

日本全体でカーシェア用の車両台数は2万9208台あるうち、保有台数2万3431台と、市場の約80％はパーク24の車が占めており、車の台数だけ見ても、かなりの市場占有率です。

カーシェア事業の成功要因

そもそも、カーシェア事業の成功には「駐車場」「会員」「車」の3つが必要です。また、車の稼働率がそのまま利益に直結するため、稼働状況に関するデータを常に把握し、適宜対策を打っていくことが成功のカギとして非常に重要です。

カーシェア事業参入のきっかけ

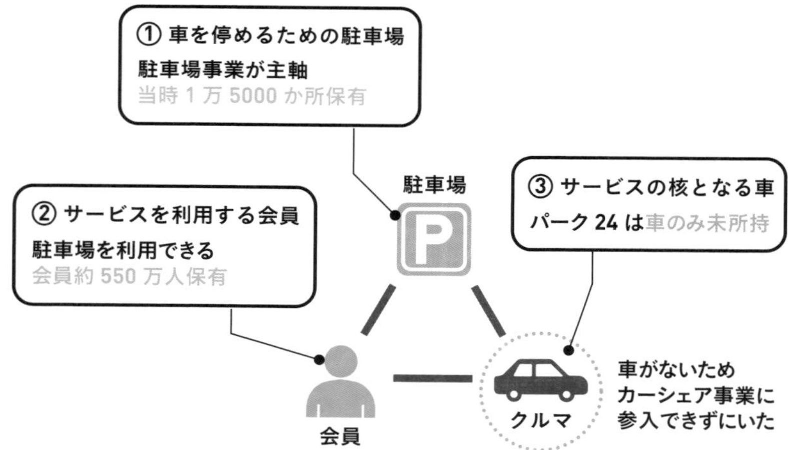

パーク24は後発でカーシェア事業に参入した企業ですが、もともとは、カーシェア事業に必要な3要素のうち、2つ（駐車場＋会員）しか持っていませんでした。車を持っていなかったため、カーシェア事業に参入できなかったのです。

しかし、パーク24はこの市場に可能性があると考え、「足りない車を調達しよう」

と考えます。車を持っていたマツダレンタカーを子会社化したのです。

3問目でやった、セブン銀行の話と似ていますね。

セブン銀行は、すでに持っていたコンビニを活用することで、ATM設置のための初期投資をおさえて金融に参入したんですよね。

なるほど。駐車場と会員を持っていたパーク24が、車を持っているマツダレンタカーと一緒になることで、初期投資をおさえつつカーシェア事業とレンタカー事業にも手を広げられたんですね。

カーシェア事業参入のきっかけ

パーク 24 有価証券報告書（2009 年）より

> **3　【事業の内容】**
> **なお、**平成 21 年 3 月に株式会社マツダレンタカーを株式取得により子会社化**し、同社の子会社 2 社及び関連会社 5 社と併せて**レンタカー事業を開始**しました。これに伴い、当社グループの事業の種類別セグメントを当連結会計年度から、駐車場事業、レンタカー事業の 2 事業セグメントに変更しております。変更の内容については、第 5「経理の状況」1「連結財務諸表等」注記事項（セグメント情報）に記載のとおりであります。**

駐車場と会員は少なかったが
車を持っていた
マツダレンタカーを子会社化

武器が揃い
2009 年より
モビリティ事業に進出

そう。車を手に入れ武器が揃ったパーク24は、2009年にモビリティ事業に進出することができたのです。

それだけではありません。なんと近年には中古車販売も開始しました。カーシェアで使用した車を気に入ったユーザー向けに、中古車も販売していることがわかります。

中古車販売による科目の振り替え

> ※5　有形固定資産の所有目的の変更
> 　当連結会計年度（平成30年10月31日）
> 　　レンタカー事業において中古車両の売却を営業サイクルの一環として行う為、当連結会計年度においてたな卸資産（商品）に5,768百万円振替えております。なお期末残高は126百万円であります。

個人向け中古車販売事業を展開

カーシェアやレンタカーは
ユーザーにとっての「試乗」で
気に入った車などをそのまま販売する
固定資産（備品等）から
流動資産（棚卸資産）に振り替えている

貸借対照表

流動資産

保有目的を
変更

固定資産

レンタカー

　つまり、自社の車（＝固定資産）をもとに、カーシェア事業で売上を上げる。また、カーシェアで気に入った車をユーザーに販売することで、さらに利益を出すというモデルになっています。

　車1台からできるだけ多くの利益を出すためのビジネスモデルが完成されているのです。

モビリティ事業のビジネスモデル

①パーク24が車を購入
②カーシェアで試乗
カーシェアで
車に乗ろう
③中古販売
購入もできる

車1台から利益を出せるだけ出す

Chapter 2

損益計算書（P/L）って
どんなもの？

Chapter 2

0 損益計算書って何だろう

P/Lだけで、業種が判断できますか？

あっという間にB/Sが終わったところで、次は損益計算書（P/L）です。B/SやChapter 3でやるC/Sよりも、こちらの方が感覚的に理解しやすいかもしれません。

B/Sと同様、まずは問題から見ていきましょう！

Q この損益計算書はどの業種でしょうか？

このP/Lは
どの業種
でしょうか？

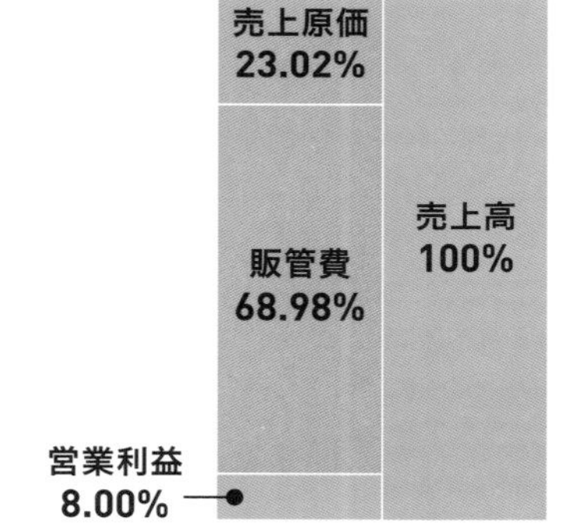

選択肢

- ① IT
- ② 化粧品
- ③ 卸売

答えは、このテーマ0の最後で紹介しましょう。

このテーマを読み終えた人ならわかる問題になっていますので、最後に答え合わせをする際には、最初にこの問題を見たときの、自分の考えと照らし合わせてみると面白いかもしれません。

では、損益計算書（P/L）を見ていきましょう！

損益計算書（P/L）ってなんだ？

ここまで見てきたB/Sと、会計上密接に連携しているのがこのP/Lという財務諸表です（連携の意味については後述するので、ご安心を！）。

そもそも、損益計算書とは何なのでしょうか。

① 簡単に言うと、どんなもの？

「企業の1年間の活動の中で、いくら売り上げて、いくら費用がかかったのか、そしてその結果、いくら利益が出たのかを記録したもの」

●P/Lは特定期間における会社の経営成績を表す

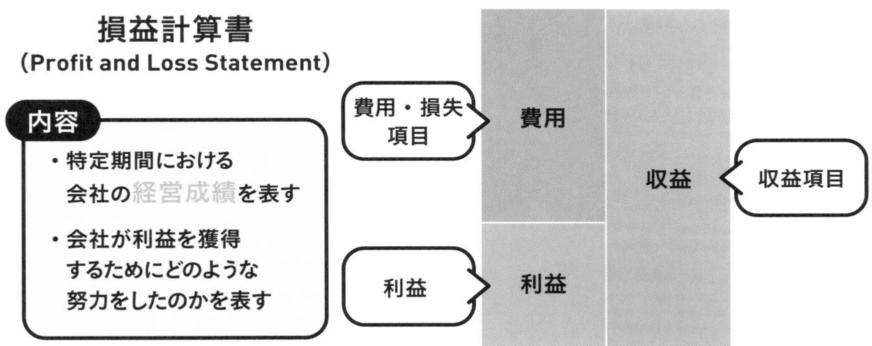

P/Lとは何かと問われれば、ずばりこれです。

「ぶっちゃけ今年、この企業は儲かったの？」という**企業の成績表**を見ることができるものです。

こうした「儲かったかどうかに関する情報（「経営成績」といいます）」をまとめたものが、損益計算書なんです。

② 損益計算書＝P/L

損益計算書は、英語だと「プロフィット＆ロス・ステートメント（Profit & Loss Statement）」といい、日本でもこの頭文字を取って「P/L」と呼ばれることが多いです。

Profitは利益、Lossは損失、Statementは計算書。英語でもそのままの意味ですね。

このP/Lという表現も、B/S同様多くの場面で使われます。

③　項目によって、左右にグループを分ける

P/Lでは、左側（借方）に「費用」をまとめ、右側（貸方）には、収益をまとめます。ここでの「収益」は、売上と置き換えて理解してください。

④　借方と貸方は一致する

費用の合計額と、収益の合計額には差が生じますが、この差は「利益」または「損失」になります。この利益または損失と、収益及び費用を合計することで、借方と貸方が一致するのです。B/Sでも似たような説明をしたのを覚えているでしょうか？

●借方と貸方は一致する：損益計算書の計算例

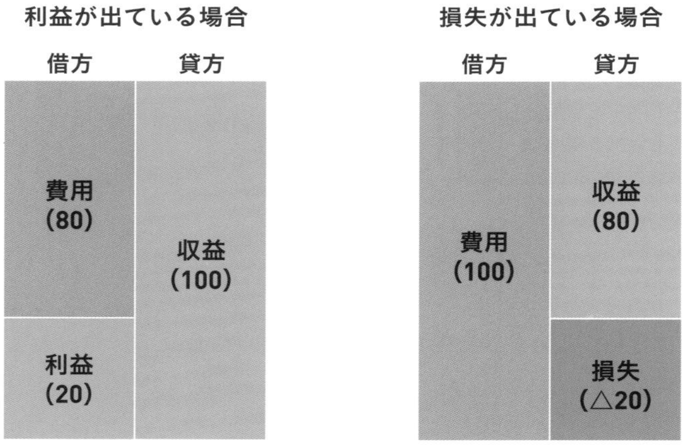

利益が出ている場合

借方	貸方
費用（80）	収益（100）
利益（20）	

損失が出ている場合

借方	貸方
費用（100）	収益（80）
	損失（△20）

〈収益の方が大きい場合〉

利益が生じているときの計算は以下のようになります。

・収益（100）ー費用（80）＝利益（20）
（借方と貸方が一致）

〈費用のほうが大きい場合〉

損失が生じているときの計算は以下のようになります。

・収益（80）ー費用（100）＝損失（△20）
（借方と貸方が一致）

これらを図解したのが、左の図ですね。

では、なんとなくP/Lについてイメージがついたところで、より詳しく見ていきましょう。

P/Lには「費用」「利益」「収益」の3つが記載されるというお話をしました。P/Lの左側（借方）には費用と利益、右側（貸方）には収益を記載するんでしたね。

P/Lに記載されている情報は、大きく分けて3つ

1. 収益……企業が1年間に売り上げた金額
2. 費用……従業員の給料や、広告費用など、企業が1年間でかけた費用
3. 利益や損失……収益と費用の差で計算する。この数字を見ることで、その企業が儲かっているかどうかがわかる。

本書では、収益を青色、費用をオレンジ色、利益を緑色（損失を赤色）で表していきます。

●損益計算書の基本：利益が出る場合

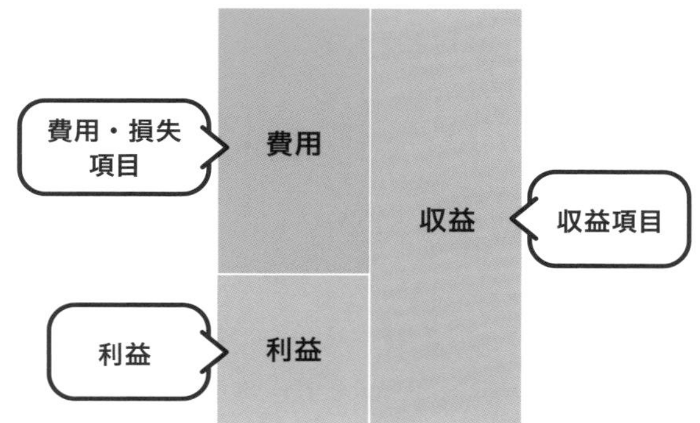

●損益計算書の基本：損失が出る場合

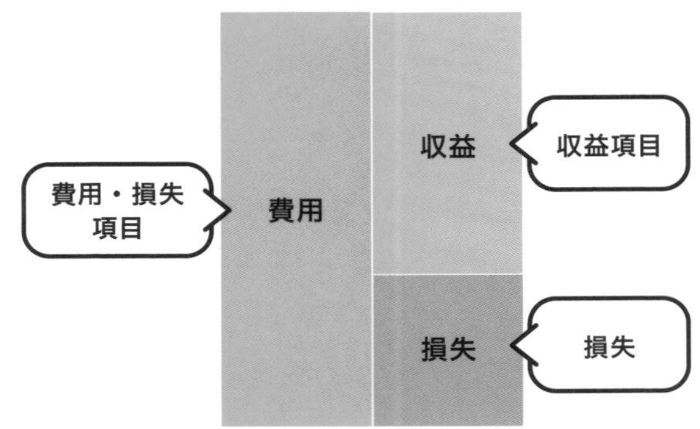

「収益」「費用」「利益」は複数ある？

それでは、「収益」「費用」「利益」それぞれを詳しく見てみましょう。
どのような項目が記載されるのか、まずは大まかなP/Lの構成を見てください。

●損益計算書のまとめ

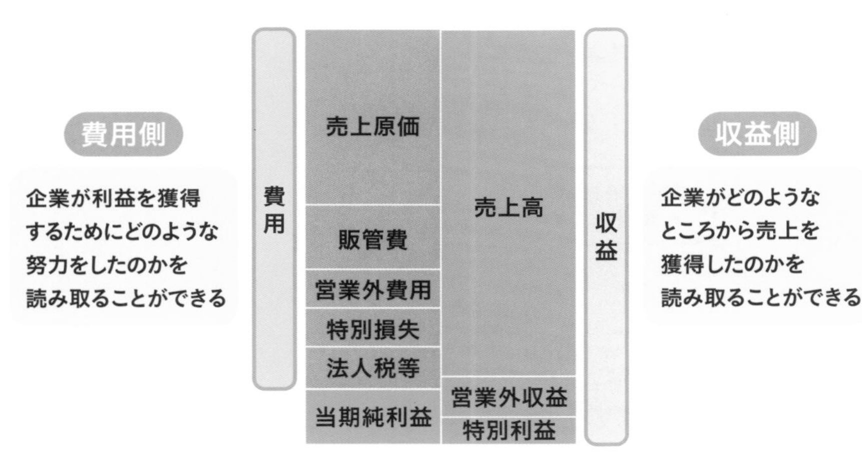

費用側と収益側を分解すると、沢山の項目がありますが、忘れないでいただきたいのは、先ほど解説したように、**「損益計算書は収益と費用を比べて利益を出しているだけ」**ということです。

損益計算書は①収益、②費用、③利益（損失）の 3 つの要素で構成されているのがわかりました。

もし実際の損益計算書を見た時に難しい単語と出会ったとしても、ひるまずに一呼吸おいて「これはどの要素なのか？」を考えていると迷わずに読み進めることができると思います。

●大項目による単純化

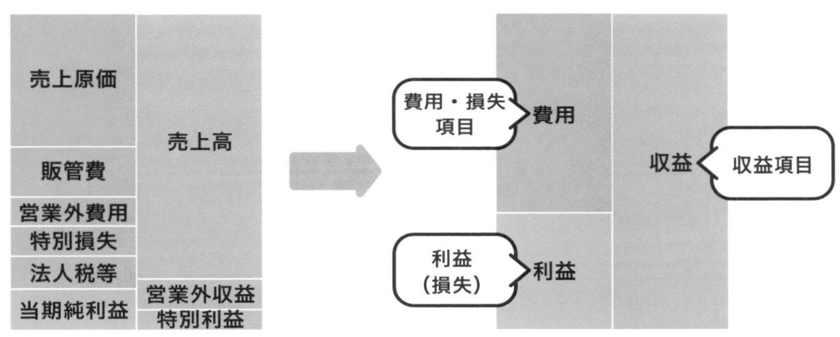

収益と費用を比べて利益（または損失）を算出しているだけ

もう 1 点だけ押さえておきたいことがあります。実際の損益計算書上では、利益という単語が沢山出てきますが、それぞれ意味が異なるため、ここからは「各利益の意味」を順に追いながら、P/Lの全体像を把握していきましょう。

P/Lの「5つの利益」とは

●利益の種類

損益計算書には複数の利益が表示されています。
それぞれが何を意味しているか表示されている順番に見ていきましょう

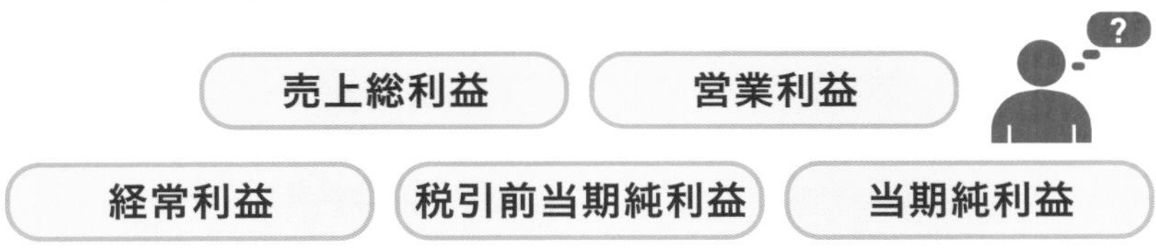

まずは、1つ目の利益「売上総利益」からです。

5つの利益①　売上総利益

●①売上総利益とは

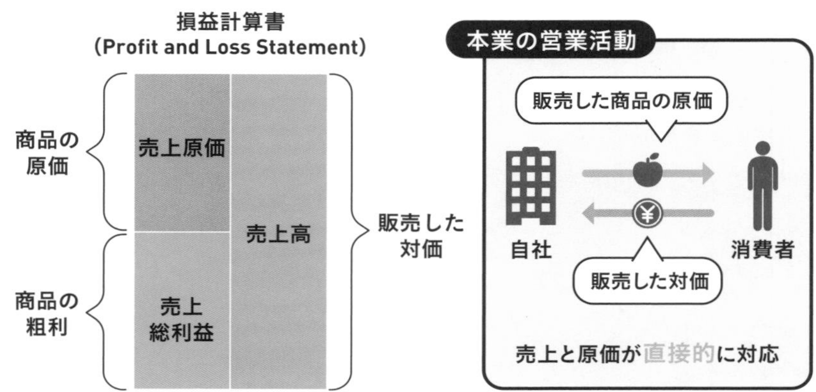

売上総利益は、売上高から原価を差し引いて算出されます。これは、粗利益や粗利と言うこともあるのですが、「その表現なら聞いたことがある！」という方も多いのではないでしょうか。

5つの利益②　営業利益

●②営業利益とは

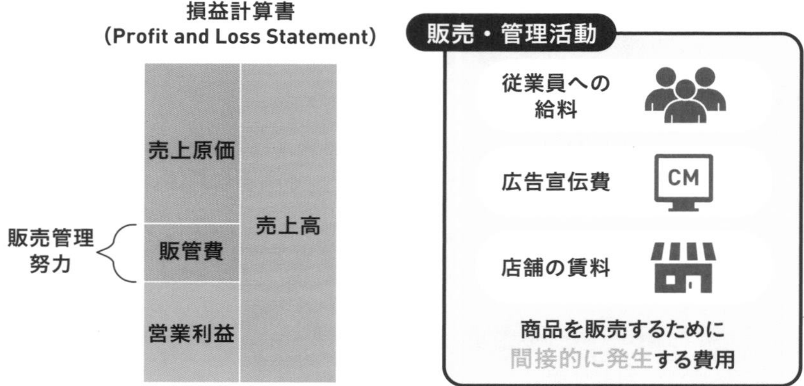

次に、営業利益を見ていきましょう。一般的によくいわれる「利益」という言葉は、この営業利益を指している場合が多いです。

営業利益は、売上総利益から販管費（＝販売費および一般管理費）を差し引いて算出されます。

先ほどの売上総利益のみでは、本業そのものが儲かっているのかどうかが完全にはわかりません。なぜなら、商品の原価以外に、販売・管理活動でも一定額の費用が発生しているからです。

そのため、この費用を含めて利益を計算することで、本業の本当の儲けである営業利益を計算できます。

販管費は売上総利益を獲得するために、どれだけ企業が努力したのかを表示する項目です。販管費には広告宣伝に使用した費用や、従業員の給料が含まれるため、会社の経営スタンスが垣間見える科目でもあります。

販管費は様々な種類があるので、少しまとめてみましょう。

販管費とは	商品を販売するために発生する費用（＝販売費）と、会社全体の管理にかかる費用（一般管理費）の総称です。これらは全て、**商品を製造するために直接かかった費用ではありません**が、広告がないと売れませんし、本社の事務をやらないと会社そのものが回らなくなるということもあるので、これらの費用は商品を売るために間接的に発生する費用であると考えられます。

販管費の例（主なもの）	①**給料**……従業員の給料 ②**広告宣伝費**……商品のCMの費用や、ネット上の広告を出すのにかかる費用 ③**運送費**……商品を顧客のもとまで運ぶのにかかる費用 ④**地代家賃**……オフィスを借りた場合の家賃 ⑤**減価償却費**……固定資産を使用することによる資産価値の低下を費用化するもの ⑥**外注費**……業務を社外の人に委託した際の料金

販管費の中身を見てみると、同じ業種の企業でも広告宣伝費を多くかけている企業もあったり、逆に全くかけていない企業もあったりと、企業ごとの特徴がかなり出るのが、この販管費です。企業を分析する際は、販管費の中身を詳しく見てみると、いろいろな発見があるかもしれません。

「本業」とは

企業は、自社のルールブックにあたる「定款」を作成します。この定款の中には、企業がどのようなビジネスをするのかについて記載をする場所があり、ここに記載されたものが「本業」となります。
たとえば、リンゴを仕入れて売っているような企業であれば、定款には「リンゴの仕入販売」と記載していることでしょう。この場合、リンゴの仕入販売は本業なので売上に計上され、それ以外のビジネスから得た収益は本業以外の収益のため営業外収益に記載されます。

5つの利益③　経常利益

●③経常利益とは

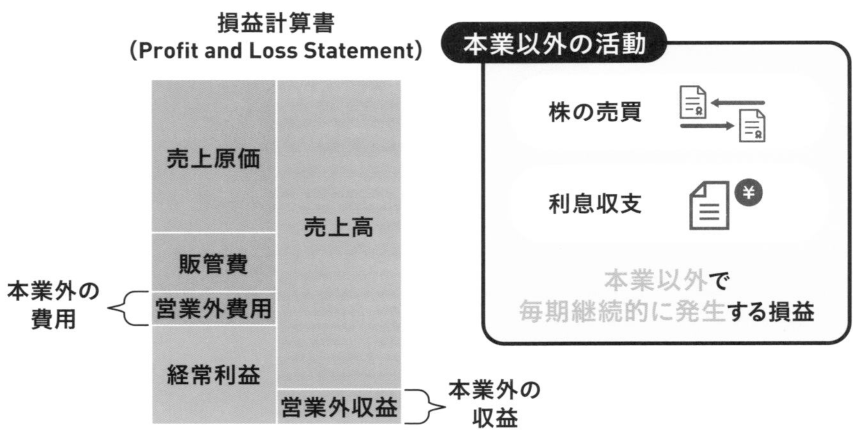

3つ目は経常利益です。「会社の実力が一番反映される利益」ともいわれています。

経常利益は、本業で獲得した営業利益に、本業以外で獲得した収益（営業外収益）を加算し、費用（営業外費用）を控除して算出されます。

たとえば、本業以外で株取引を継続的に行っている会社の場合、株取引により利益を生めば、それは会社の利益に貢献しますが、本業で儲けているわけではありません。

こういったものがこの営業外収益や費用に計上されます。

これらは全て、継続的に行われる活動により獲得した利益なので、会社の実力が一番反映される利益といわれます。

5つの利益④・⑤　税引前当期純利益・当期純利益

④税引前当期純利益とは

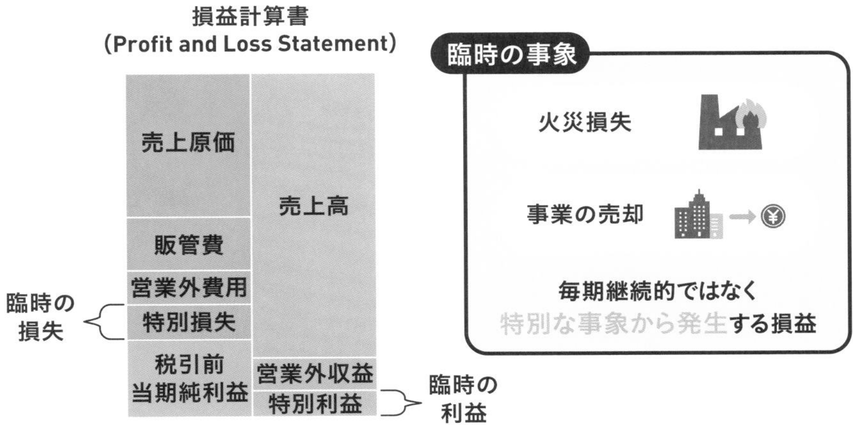

4つ目は税引前当期純利益を見ていきましょう。

税引前当期純利益は、特定の期間に発生した全ての事象を加味して算出された利益です。経常利益に、特別損益といった毎期のように発生しない事象（たとえば、火災損失や事業の売却）から発生した利益や損失を加算して算出されます。

また、この税引前当期純利益から、法人税等の税金コストを控除することで、5つ目の「当期純利益」が算定されます。

●P/Lの各種利益まとめ

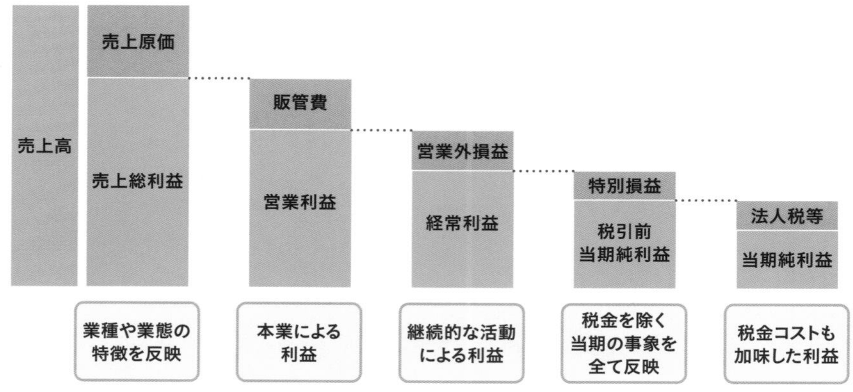

売上高から、各種の発生した費用を引いていき、最後に当期純利益が残るというイメージです。

また、各段階で商品の利益（売上総利益）、本業の利益（営業利益）、本業の利益に本業以外の収益や費用を加味した利益（経常利益）、当期に起きた特別な事象も含めた全体の利益（税引前当期純利益）、税金支払い後に純資産に返っていく利益（当期純利益）が見えてくるのです。

●損益計算書のまとめ

損益計算書
(Profit and Loss Statement)

- 特定期間における会社の経営成績を表す
- 会社が利益を獲得するためにどのような努力をしたのかを表す

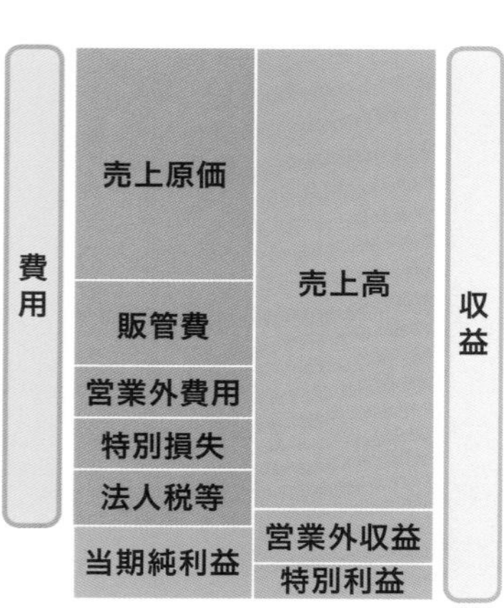

ここまでの話をまとめてみましょう。

〈P/Lとは？〉
・収益は、企業が事業を行って生み出した成果が記載される。
・費用は、収益を生み出すために要した努力が記載される。
・利益は、収益—費用で算出される。
・P/Lは、「収益」「費用」「利益」の3つから構成される。
・P/Lは、特定期間における会社の経営成績を表す。また、その成績表から、会社が利益を獲得するために、どのような努力をしたのかを読み取ることができる。

では、冒頭で出した問題を解いてみましょう。これはどの業種のP/Lでしょうか？

P/Lから業種を考える

このP/Lはどの業種でしょうか？

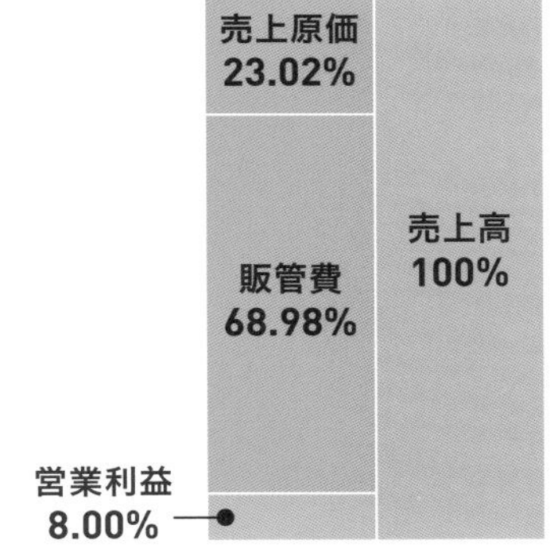

〈ヒント〉
・それぞれのビジネスで、どのような原価と販管費が発生するかを考えてみましょう。
・損益計算書の費用は「企業の戦略」が反映されます。たとえば、同じ原価の商品でも単価が高い商品の場合、原価率は下がります。一方、単価が低い場合は原価率が上がります。このように、値付けの仕方によっても原価率は変わります。
・販管費の大きさにも、企業の戦略が反映されます。たとえば、営業を多く雇って販売する戦略を取る企業は「人件費」が大きくなりますし、テレビCMを沢山打つ企業は「広告宣伝費」の項目が大きくなります。

＊

正解は、**②化粧品**です。これは化粧品メーカーの資生堂のP/Lでした（※2017年12月期における資生堂のP/L数値を使用）。

化粧品は原材料の大部分が水なので、かなり原価が安い一方、新商品が頻繁に出たり、競合商品が多かったりと、広告・マーケティングに力を入れないとなかなか売るのが難しい業種でもあり、必然的にテレビCMやWEB広告にお金をかける企業が多くなります。

そのため、原価が少なく、販管費が大きくなるという特徴があるのです。

Column 2

Twitterで毎週発信される会計クイズに参加しよう

最初のうちは「難しい」と思う決算書でも、目に触れる回数を増やしていけば、誰でも次第に読み慣れてきます。つまり、継続的に決算書に触れる機会を作ることが大切です。

この本を読み終えて、「もっと色々な会計クイズを解いてみたい！」という方は、ぜひTwitterで「大手町のランダムウォーカー」もしくは「会計クイズ」と検索してみてください。

（※上記は2020年３月現在の情報です）

毎週日曜日の21時から、会計クイズを出題しています。ぜひご自身の視点や知識、経験から回答根拠を考えて発信してみてください。Twitterでは老若男女、初心者から上級者まで、様々なバックグラウンドの方が会計クイズに参加・発信しています。

最初のうちは参加者の回答根拠を見るだけでもとても勉強になるはずです。次第に慣れてきて「自分は全く違う見方をした！」と思ったら、ぜひその意見を発信してみてください。

本書をきっかけに、１人でも多くの方に会計クイズに参加していただけることを楽しみにしています！

Chapter 2

1

【小売】原価率の数字マジックに騙されるな

表面的な数字を追うだけだと、誤った理解をしてしまう？

P/L1問目は、誰もが知る大手小売チェーン3社です。ただ、ここが落とし穴でもあるというのが、今回のテーマです。

みなさんが普段持っている「企業のイメージ」と「実際のP/L」は、きちんと中身を見てみると全く異なることがあるのです。

では、見てみましょう！

Q セブン-イレブンの損益計算書はどれでしょう？

セブン-イレブンのP/Lはどれでしょう？

①

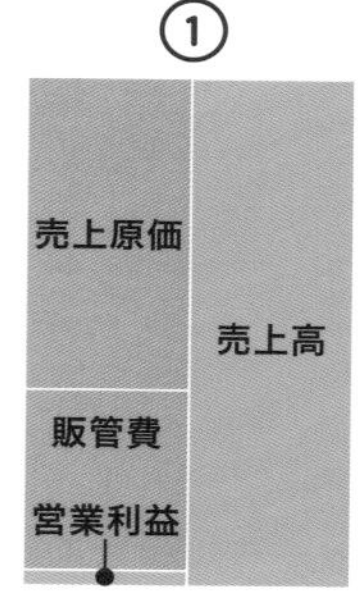

②

③

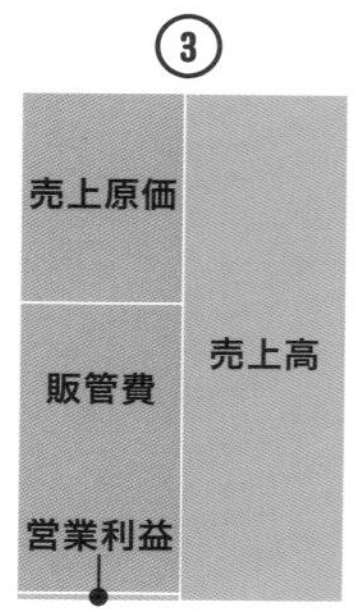

今回の登場企業

●**ブックオフグループHD**
中古品を顧客から買い取り店頭やネットショップで販売。

●**セブン-イレブン・ジャパン**
店舗数日本一のコンビニチェーン。

●**キャンドゥ**
生活雑貨や食品などを販売する100円均一チェーン。

〈商品から考えてみる〉

まずは、それぞれの商品の特徴から考えてみる？

そうですね。キャンドゥは……私もよく使いますけど、100円均一で商品の単価が決まっているから、商品の値段があげられない分、原価率を下げることで利益を出そうとするんじゃないかな……と思いました。

セブン-イレブンは色々売っていますが、お弁当などの食品系が多い印象ですよね。食品は原価率が3割などと聞いたことがあるので、原価率が高くなるのではないかと思います。

ブックオフは古本とか中古品を顧客から仕入れて売っているわけですよね。極端な話ですけど、たとえば10円で引き取ったものを250円で売れば原価が小さくなるんじゃないですかね。もちろん顧客の信用度にかかわるので、そんなことはあまりしないと思いますけど。

今みんなが言ってくれたのが原価率の話だったから、売上原価の占める大きさから判断してみるか。

売上原価が明らかに小さいものがありますね。この②がブックオフじゃないですか？

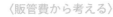

〈販管費から考える〉

②がブックオフと仮定した場合、①か③がセブン-イレブンでしょうか。

販管費の違いから考えたらどうかな？

……販管費って何が含まれるんでしたっけ？

人件費とか、店舗の水道光熱費とかだね。

セブンは店舗もたくさんあるし……24時間営業の店舗がほとんどだから、従業員のお給料とか、水道光熱費とかがたくさんかかりそうですね。

そう言われると、①か③なら③がセブン-イレブンのような気がしますね。

（うーん……でも、②がブックオフだとして、こんなに営業利益が出るって、どういうことだ……？　小売だよなぁ）

大手町さん！　③がセブン-イレブンです！

残念！　正解は……②でした！

正解は
選択肢②が
セブン-イレブン

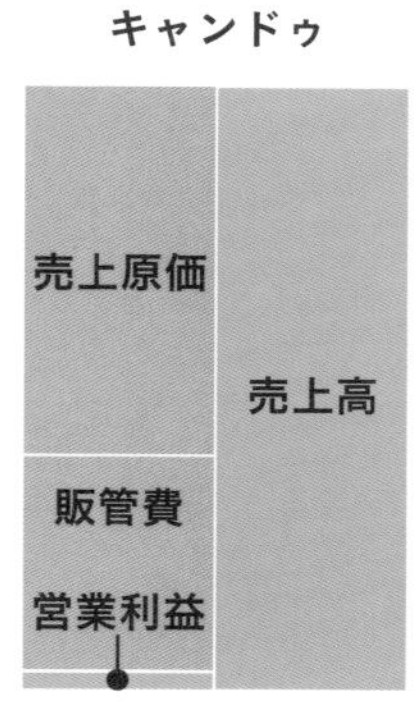

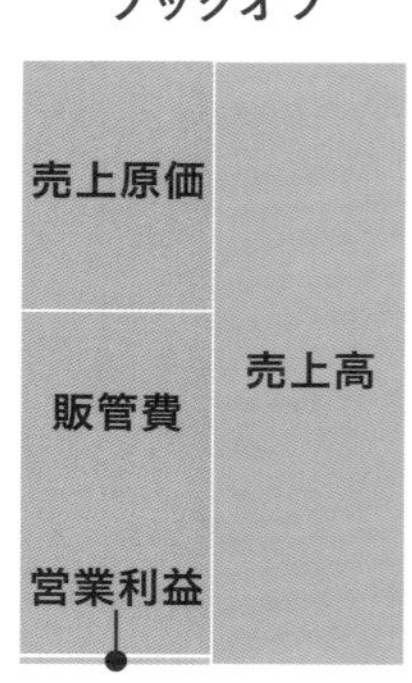

②!?　嘘だー！　なんでこんなに原価率低いんすか!?

商品の種類も廃棄の回数も多いし、セブン-イレブンの原価率はすごく高そうなイメージでした……。

この問題は間違える人も多いんだ。P/Lを見る時に気をつけてほしいのは、店で売っているものの原価率だけが損益計算書に表示されるわけではないってこと。原価率の数字マジックに騙されないように、表面的な数字を追うんじゃなくてきちんとその企業のビジネスの形をとらえて分析できるかが重要なんだ。

そう。つまりセブン-イレブンは、モノの販売がメインの収益源ではないんです。セブン-イレブンの収益構造については、次の図をご確認ください。

正解が②であり、セブン-イレブンの原価率がたった7.7%だということに驚いた方もいるかもしれません。

損益計算書においては7.7%と表示されますが、もちろん、実際はもっと高い原価率になります。

なぜこうなるのかというと、セブン-イレブンの売上高には「フランチャイズ（FC）」と「直営店」両方の収入が表示される一方で、原価については直営店分しか表示されないからなんです。

●セブン-イレブンの収益構造

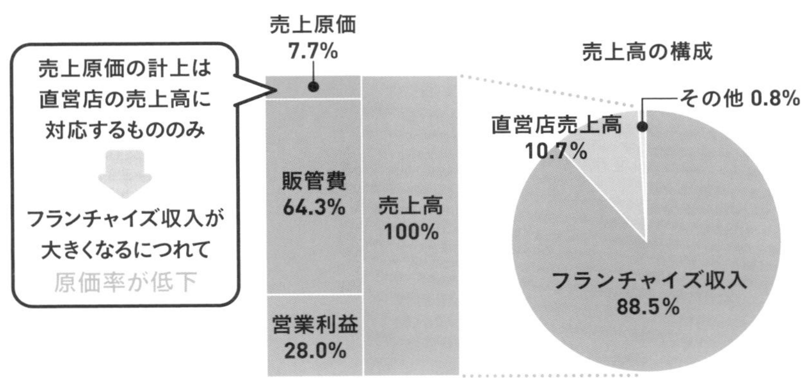

しれっと「フランチャイズ方式」という言葉が出てきましたが、ここでフランチャイズ方式の仕組みを見てください。

フランチャイズ方式の仕組み

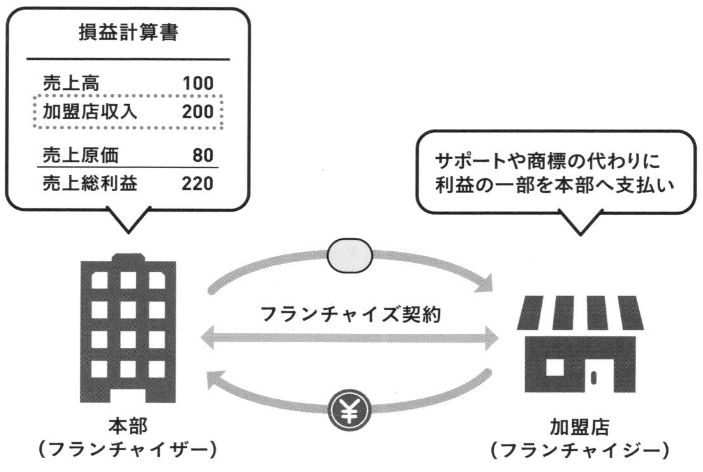

本部の損益計算書には加盟店からの収入が純額で記載されるため 利益率は高く表示される傾向がある

フランチャイズという仕組み自体は、コンビニなどのビジネスでよく見られるものですね。フランチャイズ本部は、加盟店に対して商標や経営のサポートを提供し、その代わりに、加盟店はロイヤリティとして、利益の一部をフランチャイズ本部へ支払います。

つまり、「加盟店の収益は本部の財務諸表に反映されるが、負担したコストについては反映されない」という形になるのです。

その結果、コンビニ事業の損益計算書では、利益率は高く（原価率は低く）表示される傾向があるのです。

では、セブン-イレブンを「直営店のみ」で見た場合の原価率を出し、先ほどの小売業3社で比較してみると、どうなるでしょうか。次図をご覧ください。

今回出題した3社の原価率を比べると、今度はセブン-イレブンが一番高くなったのがわかります。

「プライベートブランドなどを開発しているし、原価は低くなるんじゃないの？」と思われた方もいるかもしれません。しかし、セブン-イレブンの直営店は来店客に対する販売の機会を増やすため、常におでんやお弁当を満杯にすることが多く、その結果、廃棄品も多く出てしまい、原価がそこまで低くなりません。

原価率のみの比較

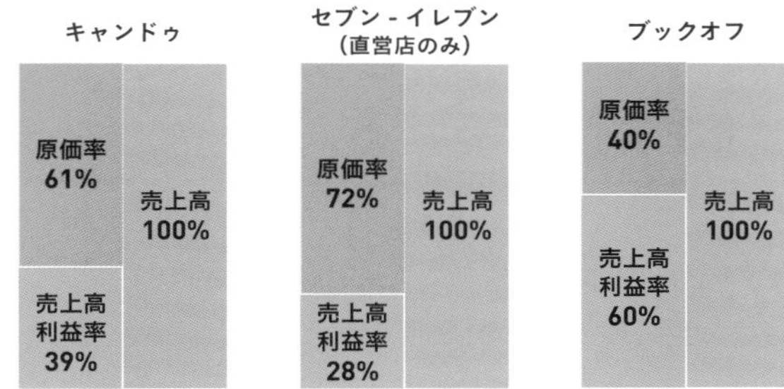

3 社のうち商品売買取引のみの数値を比較すると
セブン - イレブンが一番原価率が高い

ここで、実際のセブン-イレブンの損益計算書を見てみましょう。

実際のセブン-イレブンの損益計算書

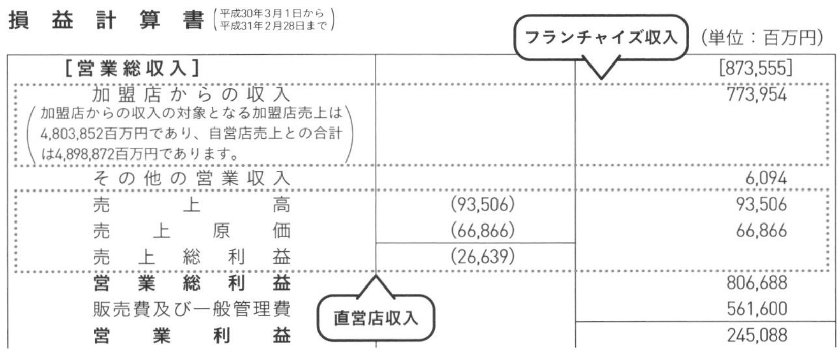

損　益　計　算　書（平成30年3月1日から 平成31年2月28日まで）　（単位：百万円）

科目		
［営業総収入］		[873,555]
加盟店からの収入 （加盟店からの収入の対象となる加盟店売上は4,803,852百万円であり、自営店売上との合計は4,898,872百万円であります。）		773,954
その他の営業収入		6,094
売上高	(93,506)	93,506
売上原価	(66,866)	66,866
売上総利益	(26,639)	
営業総利益		806,688
販売費及び一般管理費		561,600
営業利益		245,088

お話しした通り、直営店は原価が計上されていますが、フランチャイズは収入のみの表示ですね。

さらに、直営店の売上高に対して、フランチャイズの収入が8倍程度と大きな差があります。こうなると、直営店とフランチャイズを合算した場合の原価率が低く出るのも頷けます。

このように、表面的な数字だけを見ると低い原価率で表示されていますが、実際に店舗で販売されている商品の原価が低いかというと、そうではありません。企業のビジネスまで理解しないと、財務諸表を読み切ることができないため、ビジネス面での理解が非常に重要になります。

Chapter 2

2

【飲食(喫茶店)】
P/Lから企業の販売先を特定できる?

消費者として利用しているだけでは見えてこないビジネスモデル?

2問目に見ていくのは喫茶店です。

同じカフェという業態でも、それぞれ原価も違えば利益の出方も違う……というのがポイントです。

1問目のセブン-イレブンは、実際にP/Lを見ると、全く小売っぽくないP/Lの形をしていましたが……果たして今回の3社はどうなっているのでしょうか。

それでは見ていきましょう。

Q コメダHDの損益計算書はどれでしょう?

コメダHDの
P/Lは
どれでしょう?

①

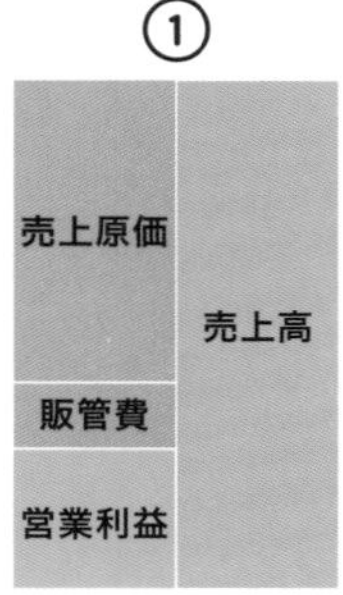

②

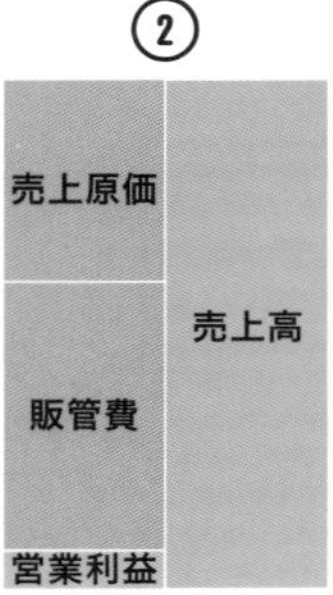

③

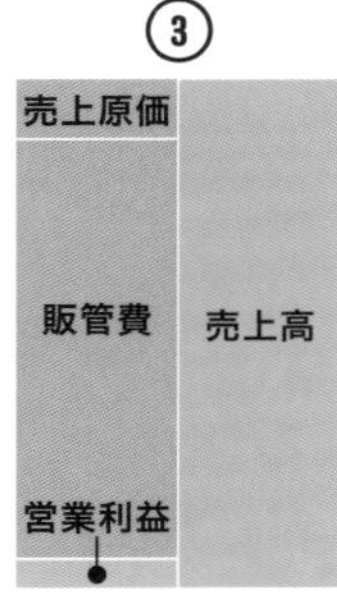

今回の登場企業

●ドトール・日レスHD
日本を代表するコーヒーチェーンであるドトールコーヒーなどを展開。

●銀座ルノアール
高級喫茶「喫茶室ルノアール」を中心に展開。高単価商品ラインナップでくつろげる環境を提供するため回転率は低め。

●コメダHD
フランチャイズ率95%。「コメダ珈琲店」を中心に、名古屋発のコーヒーチェーン店を展開。

各社の商品単価

●ドトール・日レスHD
コーヒー1杯220円〜320円前後。

●銀座ルノアール
コーヒー1杯530円〜650円前後。

●コメダHD
コーヒー1杯430円〜550円前後。

〈原価・販管費の大きさで考える〉

じゃあ、まずはP/Lの形からですかね……。ぱっと見て目についたのは、売上原価と販管費の大きさの違いかな？　と思ったんですけど。

そうですね。どうしてこんなに原価が違うんでしょう。普段あまりカフェには行かないのですが、3社ともコーヒーなどを売っているんですよね？　さほど原価が変わらなそうな気もしたんですが……。通常、飲食店の原価率は3割程度、販管費率は5〜6割程度と聞いたことがあるのですが、その前提で考えると、①と③が異常値であるように見えます……。

そうそう。今回は各社の商品の単価などを「事前情報」としてまとめておいたから、この情報もあわせて考えてみてほしいな。

本当だ。同じ喫茶店ビジネスでも、3社それぞれ、コーヒーの商品単価が違うんですね。高い順に、ルノアール→コメダ→ドトールという感じでしょうか。

ルノアールはかなり単価が高めなんですね。そう考えると、利益率が高い①がルノアールのように見えますね。

①は②や③と比べて営業利益もかなり出ているなぁ。うーん……でも、①は販管費に違和感があるんだよね。利益はまあいいとしても、この3社の中で一番商品単価が高いはずなのに、一番売上原価が膨らんでるのはさすがにおかしいんじゃないかな。

確かにそうですね……売上原価だけで見ると、③がルノアールのような気もしてきます。直営なので各店舗の販管費もかかるでしょうし、一番しっくりきますね。

〈フランチャイズ視点で考える〉

さっきのセブン-イレブンの問題もフランチャイズ関連だったし、今回は事前情報に「フランチャイズ」って情報も入ってるから、これもヒントなんだろうけど、どう思う？

その視点で言えば、コメダはフランチャイズ率が9割以上なので、先ほどのセブン-イレブンの事例で学んだように、フランチャイズ店の費用が計上されずに、売上原価が極端に小さくなっている③がコメダのような気がしますね……。

さっきの原価と販管費視点からだと、「③がルノアールじゃないか」「コメダは①か②じゃないか」という話でしたよね。単純に原価だけで見た場合には、①がドトールのように感じます。単価が低いし売上原価が高くなるだろう、と……。

でも①がドトールだとしたら、単価が低いのにこんなに利益が出るって、どんなビジネスモデルなんでしょう。違和感しかないです。

そうだね。①はP/Lの形が変なんだよな……**飲食店で販管費がこんなに小さくなるって**……。総合的に考えたら、②がドトールじゃないかなぁ。ルノアールは商品単価が高いし、原価率が①のように上がることはないだろう。あと、直営で販管費もかかってるはずだから、③がルノアールだと思う。

そろそろ時間だよ。みんな答えは出そうかな？

ううっ……、議論の途中ですが、投資家さんの意見を採用して、②がドトール、③がルノアールではないかということで……大手町さん、消去法で、コメダは①だと思います！

……。
そう、正解！　①がコメダHDだよ！

正解は選択肢①がコメダHD

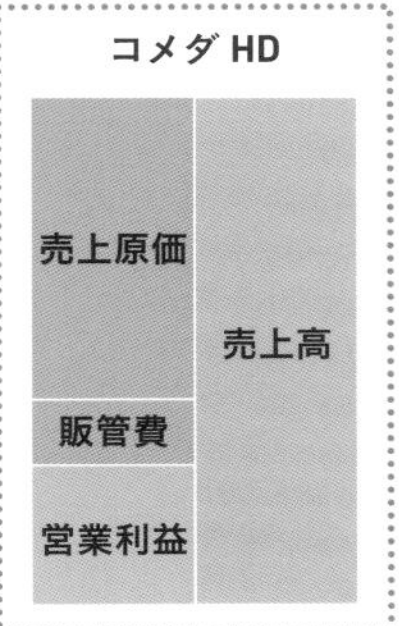

ドトール・日レス HD

売上原価
販管費
営業利益
売上高

今回のテーマは、「消費者として利用しているだけでは見えてこないビジネスモデル」です。コーヒーの価格帯や出店形式を考えることで答えが導き出せる問題でした。

そして、真のテーマが、「損益計算書から企業の販売先を特定する」でした。会話でも、投資家さんが「①はP/Lの形が変だ」「飲食店で販管費がこんなに小さくなるなんて」と言っていたように、実は①のコメダHDだけ、ドトールやルノアールとは大きく違うビジネスモデルを取っています。

ドトールとルノアールは、顧客に商品を販売するBtoCビジネスですが、一方のコメダHD、実は「フランチャイズに対する卸売で儲けるBtoBビジネス」なのです。

というわけで、まずはコメダHDの出店形式を見てください。

事前情報にもあったように、コメダHDは全860店のうち816店がフランチャイズによる出店でその割合は95%にも及びます（2018年度有価証券報告書より）。

さらにいえば、主要ブランドである「コメダ珈琲店」は全835店のうち808店がフランチャイズであり、私たちが利用しているコメダ珈琲店の97%がフランチャイズということになるのです。

コメダHDの出店形態

区分	エリア	前連結会計年度末	新規出店	閉店	当連結会計年度末
コメダ珈琲店	東日本	218（7）	19（2）	–（–）	237（18）
	中京	339（2）	1（–）	9（–）	331（2）
	西日本	228（3）	32（1）	–（–）	260（4）
	海外	5（1）	2（2）	–（–）	7（3）
おかげ庵	全国	8（1）	1（1）	–（–）	9（3）
やわらかシロコッペ	全国	7（7）	16（14）	7（7）	16（14）
合計		805（21）	71（20）	16（7）	860（44）

（注）1. 直営店は（　）内に内数として記載
2. コメダスタンドは、やわらかシロコッペの出展数に含んでおります。
3. 上記の新規出店・閉店以外に、企業買収等により東日本エリア及びおかげ庵の直営店舗数が合計10店舗増加しております。

コメダ珈琲店はフランチャイズによる出店が約97%

前問のセブン-イレブンの問題でも述べましたが、フランチャイズ方式は本部であるフランチャイザーが、加盟店であるフランチャイジーに商標の提供や出店サポートをすることでフランチャイジーからロイヤリティを徴収するビジネス形態が一般的です。

セブン-イレブンの場合は、P/Lにおける収益の大半がフランチャイジーからの加盟店収入（ロイヤリティ収入）でしたのは記憶に新しいでしょう。

では、フランチャイズ出店がほとんどのコメダHDも、セブン-イレブンと同様にフランチャイズロイヤリティが収益の大半を占めるのでしょうか。

これを確認するため、コメダHDの売上高の内訳を見てみます。

コメダHDの売上高内訳

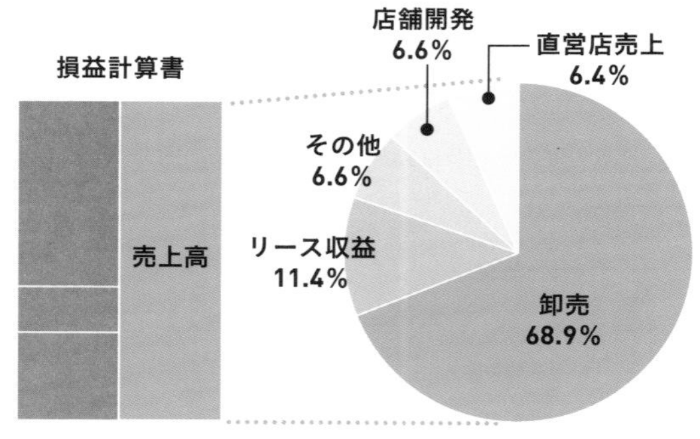

卸売業による収入がメインの収入源

売上高の内訳を見ると、メイン収入は卸売収入です。次いで、リース収入となっています。ここにロイヤリティ収入という項目は見当たりません。この売上高の内訳に、コメダHDのビジネスの秘密が隠されています。

コメダHDのビジネスは、フランチャイズにコーヒー豆などの商品を卸売することがメインの収入源です。つまり、原価率が高く・販管費が相対的に小さくなる「卸売業に近い」形の損益計算書の形になります。コメダのFCはロイヤリティをほとんど取らない共存共栄モデルなので、売上高内訳にはロイヤリティの項目がないのです。

●コメダHDのビジネスモデル

●各社のメインの販売先

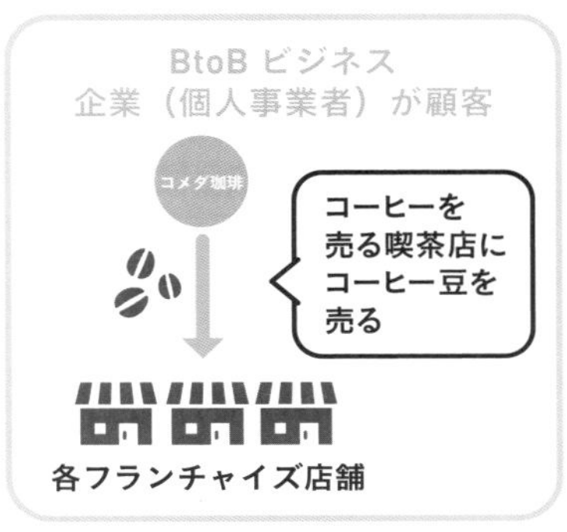

銀座ルノアールとドトールコーヒーは、一般消費者を対象とした喫茶店ビジネス

であるのに対して、コメダHDはフランチャイズを販売対象としたBtoBビジネスです。

そのため、あらかじめ販売先も決まっており、新規開拓営業に充てる人件費もかからず、また店舗の水道光熱費なども特にかからないため、他の2社に比べて販管費がかなり小さくなります。

●コメダHDの販管費

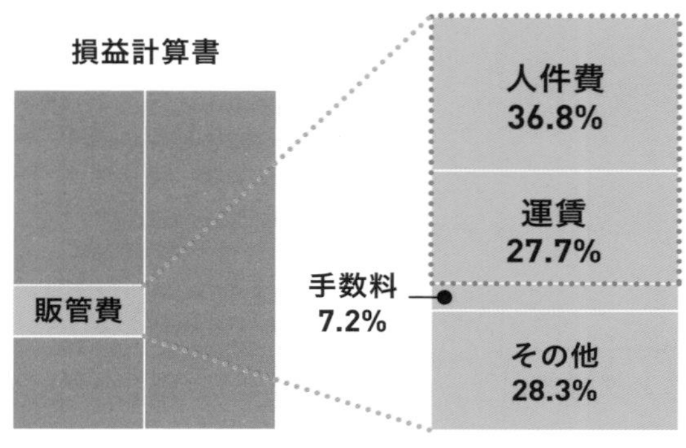
損益計算書
販管費
人件費
36.8%
運賃
27.7%
手数料
7.2%
その他
28.3%
人件費と運賃が
販管費の中心
ほぼフランチャイズのため
店舗管理の費用も
大きくならない
卸売業に近い形の
損益計算書となる

Column 3

前澤さんはなぜお年玉を配れるのか

株式会社ZOZOの前代表、前澤友作さんをご存知でしょうか。前澤さんは、2020年の年始に、「#前澤お年玉」という企画で、100名に100万円（合計１億円）のプレゼント企画を行ったことでも話題になりました。

そんな彼が役員報酬をどれくらい受け取っているのかと有価証券報告書を見てみると、2019年３月期における役員報酬は1.8億円と記載がありました。

1.8億円の収入で、１億円もお年玉を配って大丈夫なんですか？

実は、前澤さんにはもう１つの収入源があるのです。それが「配当金収入」。

配当金は、株式の保有数に応じて、株主に支払われるお金です。前澤さんはZOZOの経営者兼株主であり、ヤフー株式会社との買収以前は、１億を超える数の株式を保有していました。

2019年３月期における配当金は、１株につき24円ほど支払われていることになりますから、前澤さんには24億円以上の配当金が支払われたことがわかりますね。

また前澤さんは、ヤフーとの買収においてZOZOの株式のほとんどを売却しているので、さらに多くの収入があったことでしょう。

こう考えてみると、収入が桁違いですね。お年玉を配っても全然問題はなさそうだとわかります。

筆者は個人的に、これからも前澤さんの活躍を楽しみにしています。

Chapter 2

3 【小売】企業の成長ドライバーを見抜け

企業が力を入れているポイントはどこか？　を見抜く

3問目は、「驚安の殿堂」でおなじみのドン・キホーテと、売上高が世界第2位の小売の雄・コストコを取り上げます。

この問題は、これまでの2問と比べると、サクッと解けるものになっています。

では、見ていきましょう。

Q コストコの損益計算書はどちらでしょう？

コストコの
P/Lは
どちらでしょう？

選択肢①

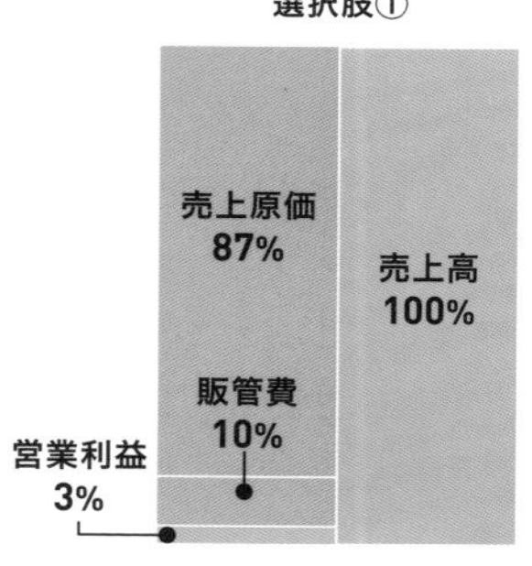

選択肢②

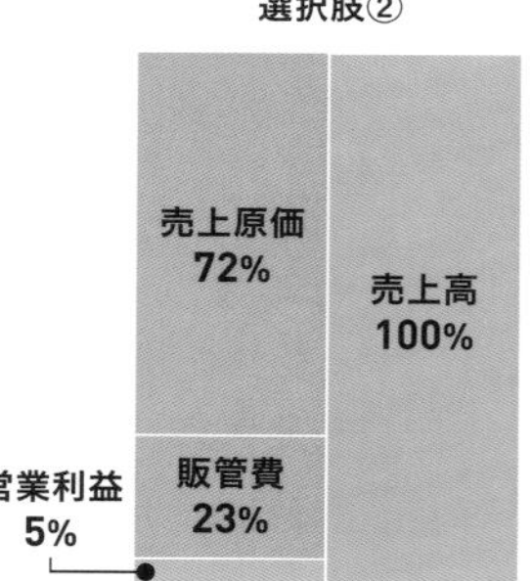

今回の登場企業

●パン・パシフィック・インターナショナルHD
日本最大級の総合ディスカウントストア「ドン・キホーテ」等を展開。

●コストコ
売上高世界第2位の小売業者。会員制ウェアハウスクラブを世界中に展開。

今回の2社は、これまでと比べると結構P/Lの形が似ていますね。

P/Lの形からだと、ちょっと切り口を考えづらいね。ドン・キホーテとコストコの違いって何だろう？

コストコはたまに友人と行くんですが、あそこは会員制なんですよね。通常の販売とは別に会員収入もあるので、利益が出やすいんじゃないかと思いました。だから②がコストコなのかな？　って。

確かに。でも、あそこって会員になると、ほぼ原価で商品が買えるんですよ。

なるほど……。ん？　となると、コストコは実は原価が高い①の可能性もあるんですね。

営業時間はどうだろう？

ドンキって24時間営業の店舗が多いですよね。人件費とか水道光熱費とか、販管費が大きくなりやすいんじゃないですか？　だから僕は②がドンキなんじゃないかなと思いました。

では、24時間営業のドンキは販管費が多いと見て②、会員収入があるぶん、商品を原価に近い価格で販売しているコストコは原価率が高いと睨んで①ということですね。
大手町さん、どうですか？

正解！　①がコストコだよ！

正解は
選択肢①が
コストコ

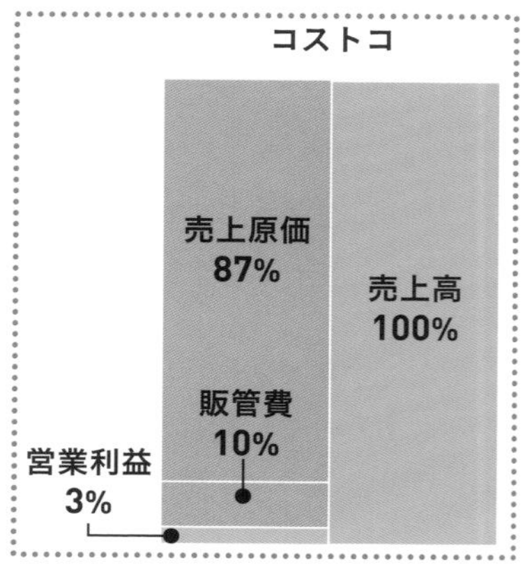

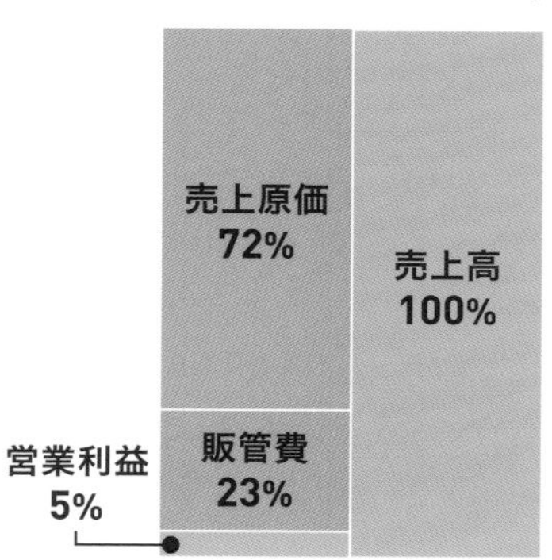

コストコが会員制であることをご存知ない方もいたかもしれませんね。コストコは、仕入先から直接安価で仕入れて販売するというモデルです。

顧客は、毎年会員費を払うことで商品を原価に近い価格で購入することができる仕組みになっています。

●コストコのビジネスモデル①

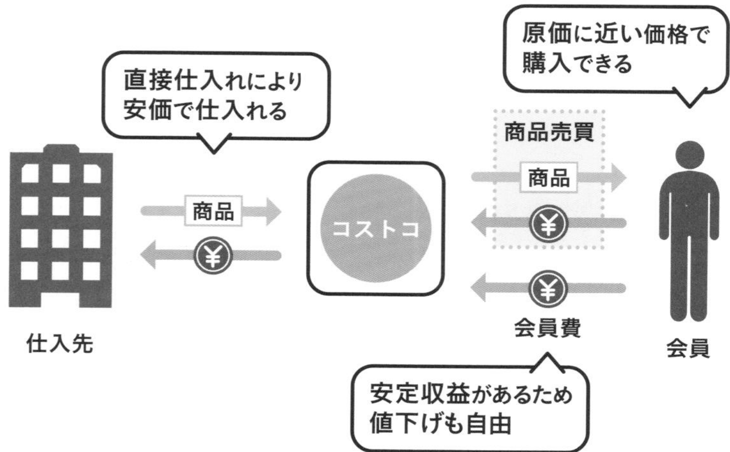

そんなコストコの営業利益の内訳を見てみると、営業利益のうち70％は会員収入から得られたものです。だから、この会員収入がなくなると利益が上がらなくなってしまいます（図「コストコのビジネスモデル③」参照）。

●コストコのビジネスモデル②

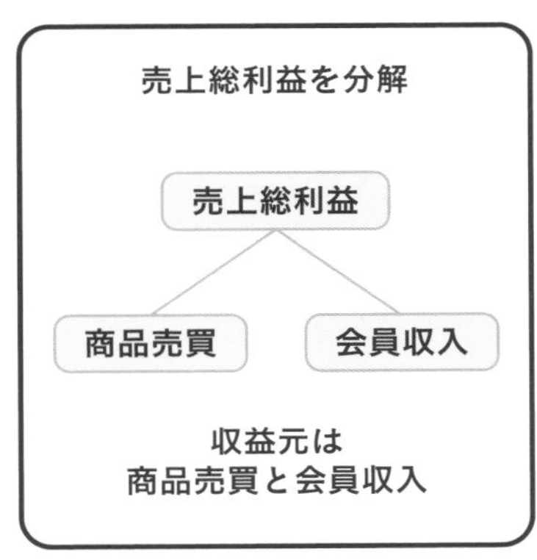

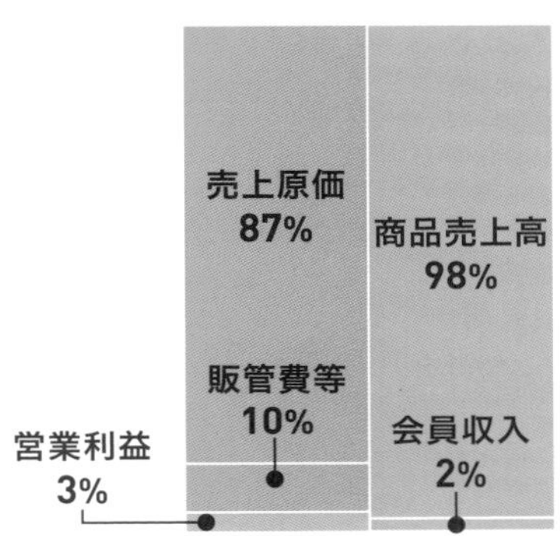

そのため、「会員を増やすこと」が「利益を出すこと」にそのまま直結するため、「いかに会員を増やすか」がコストコのビジネスのカギになります。

●コストコのビジネスモデル③

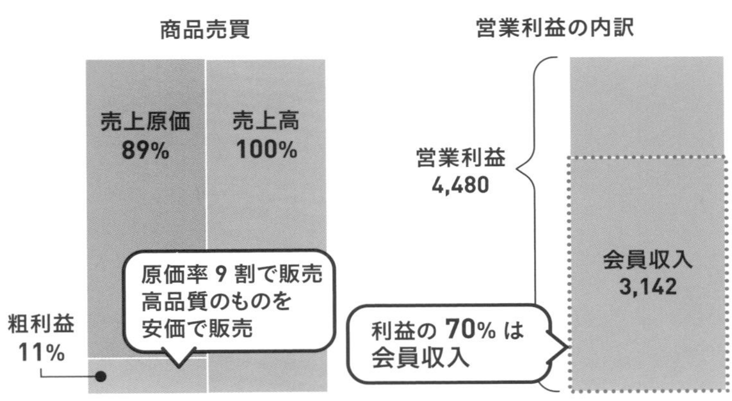

ちなみに、巷には「原価BAR」というバーがありますが、こちらもコストコに似たモデルになっています。

原価BARは、入場料さえ払えば、お酒を原価で飲むことができるというシステムのバーです。これも入場料で儲けるビジネスのため、商品がどれだけ販売できたかではなく、「何人入場したか」が成功のカギになります。

続いてドン・キホーテです。ドン・キホーテのお家芸といえば、店内に積み上げられた圧縮陳列でしょう。店舗内で掘り出し物を探す楽しさを演出しつつ、顧客と商品の接触回数を増やすレイアウトで売上につなげるというものです。

「ロレックスからトイレットペーパーまで」といわれるほど、ドン・キホーテに来店すれば大半の商品が揃うほどの品ぞろえで、まさにフルラインディスカウントストアとなっています。

ドン・キホーテの売上構成は食品34.5%、非食品65.5%となっており、特に食品に関しては、「驚安の殿堂」の名に恥じない安さで販売しています。

そして、「驚安」で販売していることもあり、食品は83.1%と非常に高い原価率になっています。

●ドン・キホーテの基本戦略

ドン・キホーテの売上構成

食品と合わせて
非食品を買わせる

食品
34.5%

非食品
65.5%

非食品で出した利益を
食品の安さの追求に回し
主婦層へ訴求

「驚安」を訴求する基本循環

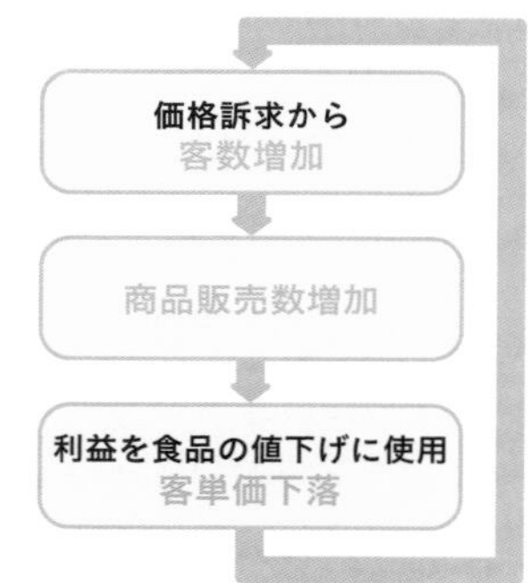

では、どのようにして利益を出しているのでしょうか。答えは、「驚安を訴求する基本循環」です。

食品の値下げから、客単価は下落するが、「驚安」という安さから客数が増加する。そして、客数に応じて商品の販売数が増える。そこで得た利益を食品の値下げに使用する……という、基本循環があるのです。

原価率の高い食品と合わせて非食品を顧客に買わせることで、非食品で出した利益を食品の安さの追求に回し、主婦層に訴求しているというわけです。

実際にドン・キホーテの各経営指標の推移を見てみると、客数の増加に伴い、商品販売数は増加していますが、原価率は一定の水準に保たれ、客単価は下落傾向にあります（次図参照）。

ドン・キホーテの各経営指標の推移

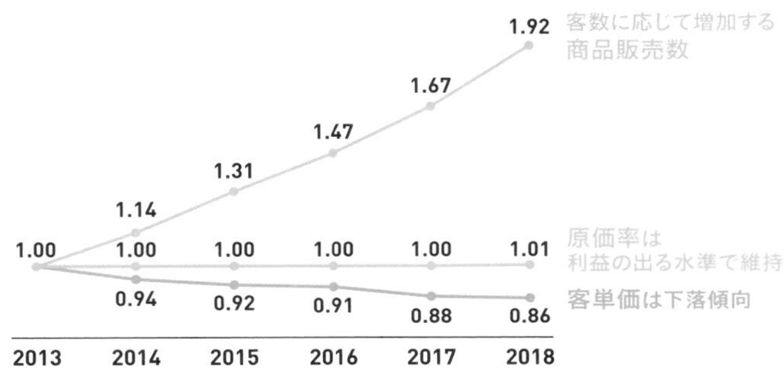

PPIHの連結損益計算書

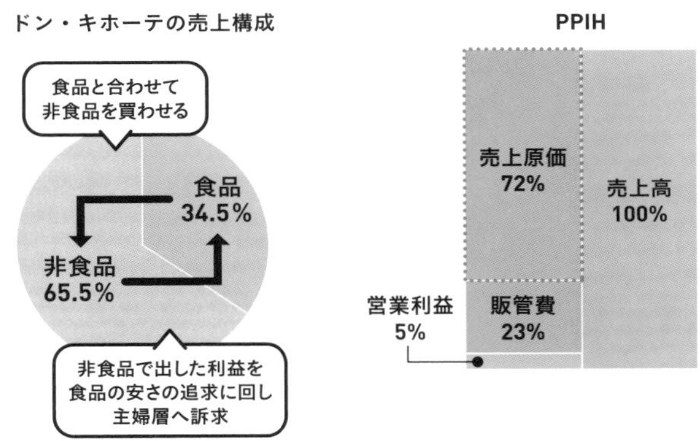

コストコは、商品販売＋会員収入で利益を確保できるので、商品をほぼ原価で売り、そのため原価率が高くなります。どれだけ商品が売れたかよりも、どれだけ会員が増えたかの方が重要です。

対するドン・キホーテは商品販売のみですが、「驚安」を追求することで顧客の来店数を増やし、得た利益をまた「驚安」の追求に回すという経営方針です。

P/Lからは、各企業がどのような成長ドライバーを持っているかも読み取ることができるのです。

Chapter 2

4 【アパレル】利益率はどこで変わるか

商品・店舗設計は損益計算書に表れる？

P/Lはこれが最後の問題となりました。今回のテーマは「アパレル」です。

登場企業は3社。ZARAを展開する売上高世界1位の「インディテックス」と、売上高日本1、2位の「ファーストリテイリング」「しまむら」です。

同じアパレル企業でも、利益に影響を与えるポイントは異なるというのが、今回のテーマです。さあ、見ていきましょう！

Q ファーストリテイリングの損益計算書はどれでしょう？

ファーストリテイリングのP/Lはどれでしょう？

①

②
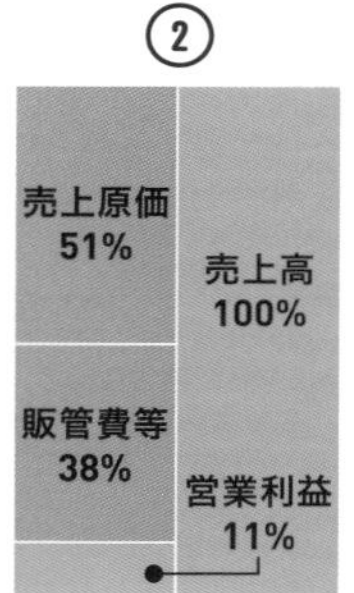

③

今回の登場企業

●ファーストリテイリング
売上高2兆円台に到達した「ユニクロ」ブランドを展開。

●インディテックス
世界93か国に約7000店。「ZARA」ブランドを展開。

●しまむら
仕入れ販売主体で低コストオペレーションが強み。

〈登場企業の事前情報〉

● ビジネスモデルの違い

自社で企画生産（SPA）	仕入販売
●ベーシックカジュアル SPA ファーストリテイリング ●トレンドファッション SPA インディテックス	●ディスカウンター 仕入モデル しまむら

この問題を解く前に、まずは上の図の説明をしておこう。
SPAモデルの話はB/Sのところでもしたけれど、今回登場する3社のうち、ファーストリテイリングとインディテックスは、自社で企画から生産までするSPAモデルを採用している。
対するしまむらは仕入れ販売を行っている企業だ。
これを踏まえて、どれがファストリのP/Lかを考えてみてほしい。

〈原価率から考える〉

うーん……SPAと仕入れなら、仕入れの方が原価は高くなりそうですよね。

そうだね。なんでかっていうと、「販売代理店や問屋のような、間に入ってる人たちの利益（中間マージン）が載った状態」で商品を仕入れることになるから、原価が大きくなりやすいんだよ。

となると、①や②と比べて原価率がかなり大きくなっていますし、③はしまむらでしょう。

〈商品の特性から考える〉

①と②だとどうだろう？

これは所感ですけど、ユニクロとZARAは商品の賞味期限が違うと思うんですよね。ZARAはファストファッションでトレンドを反映した商品が多いじゃないですか。ユニクロももちろんファストファッションですけど、たとえばヒートテックとかフリースとかって、10年前のものを着ていても、トレンドに左右されないですよね。つまり、ZARAの服は賞味期限が短いけど、ユニクロの服は賞味期限が長いんじゃないかなって。

面白い着眼点です。私もちょっと似た意見なんですけど、ユニクロはトレンドに左右されない商品のラインナップが多い分、一回でたくさんの商品を生産できるんじゃないかと思いました。ロットが大きい方が原価率は低くなるでしょうから、ZARAよりも売上原価は小さくなるんじゃないかなと。

確かにトレンドを反映したアイテムを作るなら、なるべく売れなかったことによる在庫処分が起きないよう、大量生産は控えるだろうね。

①と②では、②の方が原価率が高いですね。その流れでいくと、こちらがZARAでしょうか。

なら、①がファーストリテイリングですね！

違います！

えっ？

正解は②でした！

正解は選択肢②がファーストリテイリング

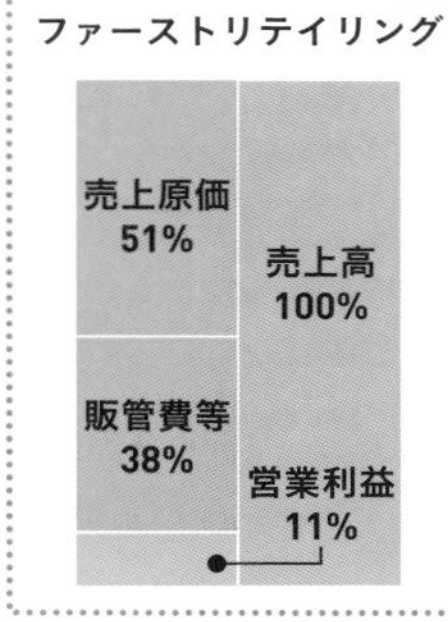

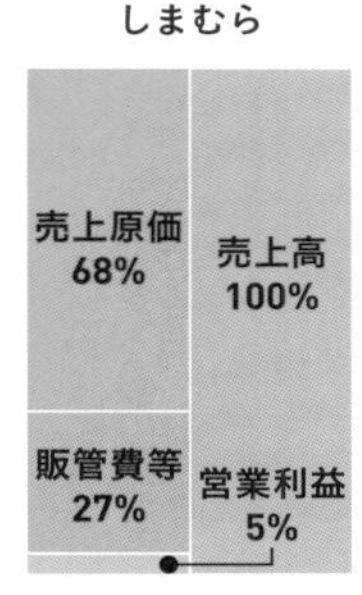

● ビジネスモデルの違い

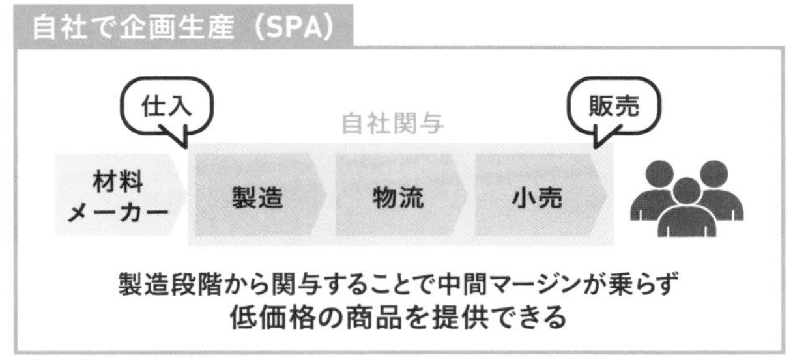

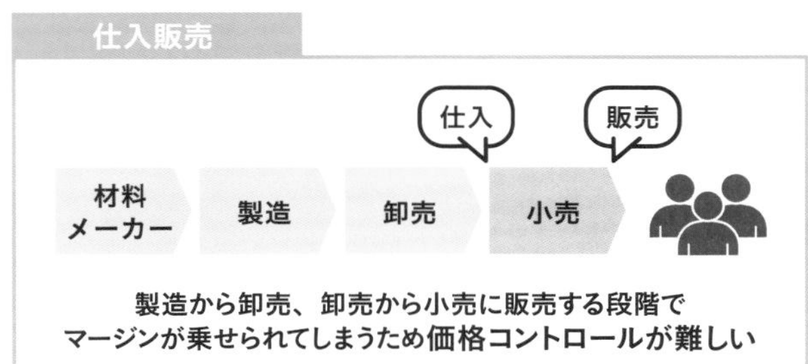

〈仕入販売モデルとSPAモデルの比較〉

SPAと仕入れで③のしまむらを特定したところまでは合っていました。

SPAと仕入れのうち、利益率が低くなるのは仕入販売モデルです。商品を入手するフローの中でマージン（利益）を載せられるポイントが複数あるため、安く売ることが難しいのです。

また、仕入販売モデルは、いかに魅力的な商品を仕入れられるバイヤーを育てるかという点が重要になってきます。

●Product：ユニクロの服とは

LifeWear は、
あらゆる人の生活を、より豊かにするための服。
美意識のある合理性を持ち、シンプルで上質、
そして細部への工夫に満ちている。
生活ニーズから考え抜かれ、進化し続ける普段着です。

- ■ 生活ニーズから発想した服
- ■ 細部への工夫に満ちた服
- ■ シンプルで完成度の高い部品としての服
- ■ 変化を先取りして進化し続ける服
- ■ あらゆる人のための上質な服

メイン Product は機能性の高い LifeWear を提供
トレンドの変わりやすいファストファッションよりも
賞味期限が長くターゲットも広い

今回のSPAモデル2社は、そもそも商品を売るターゲットが異なることにはお気づきでしょう。

ファーストリテイリングは、広い対象に汎用性の高い服を提供します。対して、インディテックスはトレンドファッションに興味のある顧客に服を提供します。

●Promotion：商品提案型

ユニクロの消費者の特徴

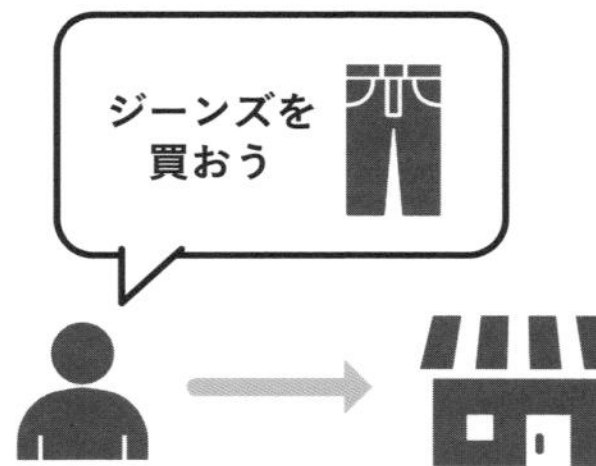

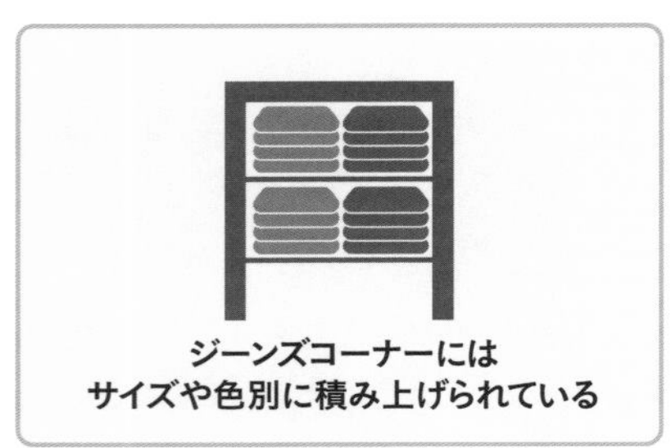

ジーンズコーナーには
サイズや色別に積み上げられている

ユニクロで購入を考えている消費者は
あらかじめ購入するものを決めて来店することが多い

ユニクロは、機能性の高いLifeWearを提供しています。つまり、賞味期限が長い服を売っているということですね。

これがユーザーにも浸透しているため、顧客の多くはユニクロに行く際に、このような思考を持っています。

「ジーンズを買おう」
「ヒートテックを買おう」

そう、目的買いです。

こうした思考に沿って買い物ができるよう、ユニクロでは部品ごと（たとえば、ジーンズごと・ヒートテックごとなど）に売り場を作っているのです。

また、目的を持ってきたユーザーが、「在庫切れによってその商品を購入できない」という事態が起こると、ユーザーの信頼度を下げてしまいます。そのため、ユニクロは在庫も多く所有しています。

●Promotion：商品提案型

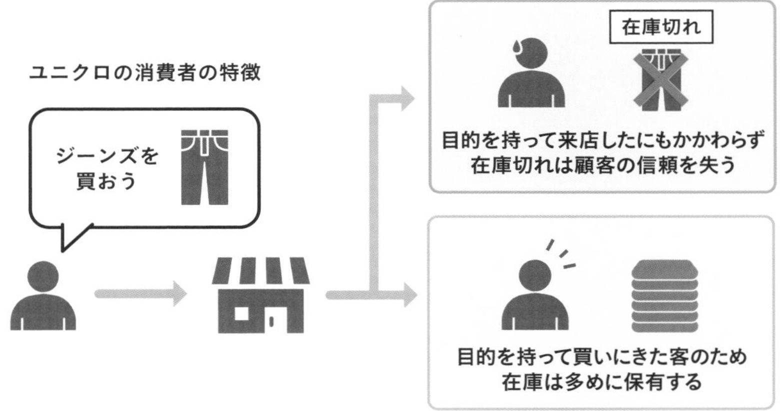
ユニクロの消費者の特徴
ジーンズを
買おう
在庫切れ
目的を持って来店したにもかかわらず
在庫切れは顧客の信頼を失う
目的を持って買いにきた客のため
在庫は多めに保有する

ユニクロで購入を考えている消費者は
あらかじめ購入するものを決めて来店することが多い

次にインディテックスを見ていきます。

●Product：トレンドファッションを提供するZARA

賞味期限の短い集客力のある商品を高回転で売り切るZARAの商品
SPAモデルを採用しているがユニクロとの違いは売れる分しか生産しない

ZARAは、賞味期限の短いトレンドファッションを提供しています。

ファーストリテイリングはベーシックアイテムが多いので、汎用性が高く、時期を問わずいつでも売れます。だから大量生産できるのですが、このため、セールを行い、在庫処分を行うことが比較的多くあります（毎週金曜日に折込チラシが必ず入っているなど）。

しかしインディテックスはファストファッションのため、あまり在庫を持たなくて済むよう、少なめにコントロールしているのです。そのため、インディテックスの商品はセールによる値引きがあまり行われないという特徴もあります。

●Promotion：スタイル提案型

常に最新ファッションを
店頭に並べ
顧客にファッションを
提案する売場スタイル

ZARAに来る顧客は目的を持たず
新しいコーディネートのアイデアや商品との出会いを楽しみに来店する

インディテックスでは、店舗内にファッション提案の場を設けています。だから、ユーザーは目的を持たずに来店しても、気に入って購入する可能性があるのです。

●Promotion：スタイル提案型

ZARAの消費者の特徴
特に目的はないけど
店舗を覗いてみよう

店舗では最新トレンドを提案される

ZARAで購入を考えている消費者は特に目的なくやってくる

　このため、在庫をあまり持たず、作った在庫については売り切る、という売り方になっていきます。

●商品在庫の違い

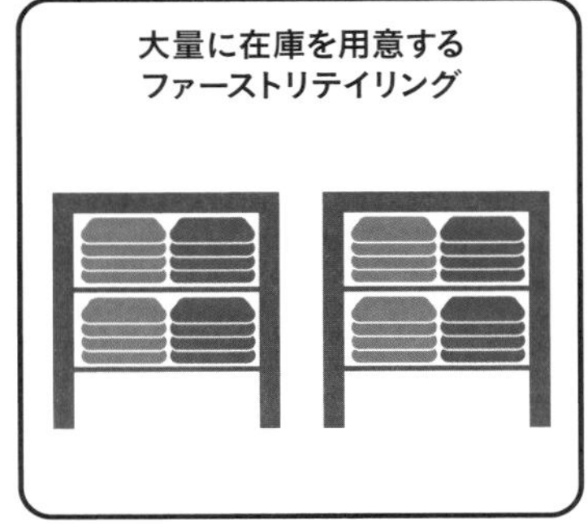

商品に対する在庫の持ち方が異なる

　ファーストリテイリングは先ほども書いたように大量に在庫を持ちますが、インディテックスは商品数が多く、ニッチなものを売るので在庫は売れる分しか持ちません。

データで見ると、ファーストリテイリングは棚卸資産回転期間が157日となっています。

これはそのまま、商品を仕入れてから顧客に販売するまでの期間が157日かかるということを意味しています。

ファーストリテイリングの棚卸資産回転期間

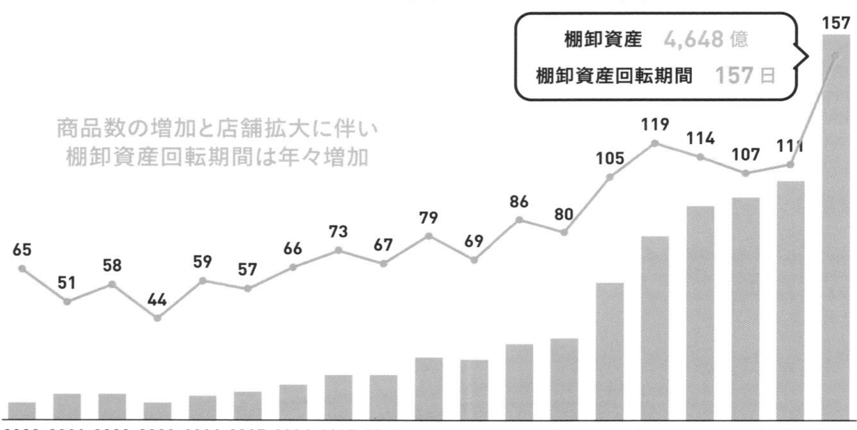

棚卸資産回転期間とは

棚卸資産回転期間とは
商品を保有してから販売するまでに
どの程度の期間を要するかを見る指標
※業務上は過剰在庫や滞留在庫の存在を明らかにすることが多い

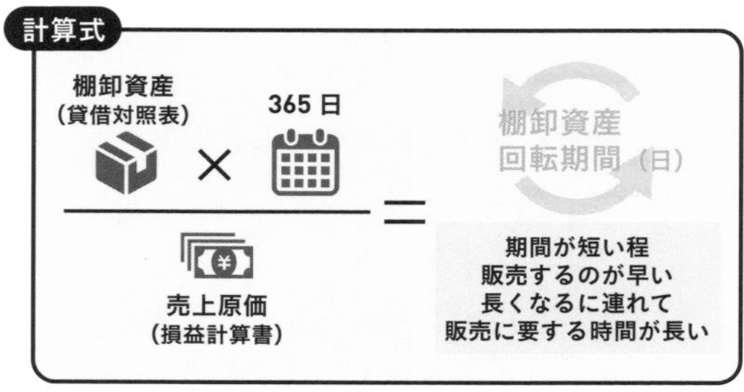

ここで少し、棚卸資産回転期間について補足説明をしておきます。棚卸資産回転期間とは「商品を保有してから販売するまでに、どの程度の期間がかかるのか」を見る指標のことです。

この回転期間日数が短いほど販売するのが早く、長いほど販売するのにかかる日数が多いということになります。

●棚卸資産回転期間とは

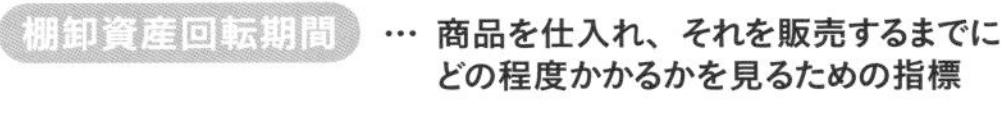

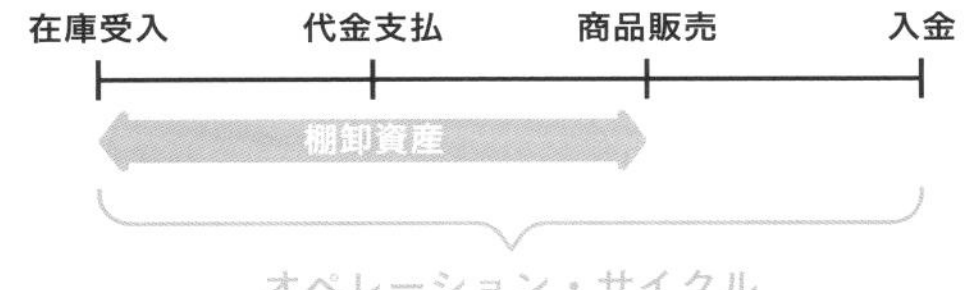

オペレーション・サイクル
調達、製造、物流、販売が関係してくる

基本的には短ければ短い方が良い指標
商品毎に見ることで売れ筋、死筋商品を把握できる

基本的に、この棚卸資産回転期間は短ければ短いほうがよいとされています。たとえばいくつもの商品を展開している企業で、「この商品Aは、以前まではもっと早く売れていたのに、最近は回転が落ちてきているな」(＝つまり、ダウントレンドになってきているな）などと、売れ筋・死筋の商品を見極めるのに重要な指標です。

さて、話をもとに戻します。

在庫を多く持つと、期限内に販売しきれなければ廃棄になってしまうというリスクも抱えるでしょう。なぜなら、売り場面積は有限であり、賞味期限が長いとはいえ、集客のためには定期的に新商品を投入する必要があります。これに対応するため、定期的に値引きセールをして商品の入れ替えを行っているわけです。

●両社の粗利率の違い

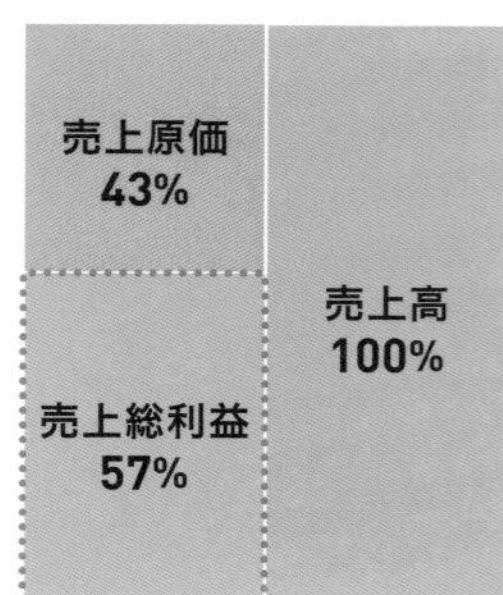

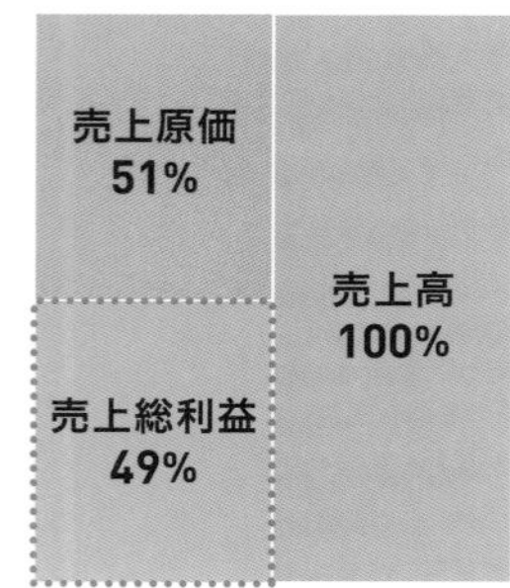

値引きは、商品の原価は変わらない（もう作ってしまったから）一方で、売上の金額が落ちてしまうため、粗利率が悪化する傾向にあります。だから、値引きを多く行うユニクロの粗利率はインディテックスに比べ悪化するのです。

Chapter 3

キャッシュ・フロー計算書（C/S）ってどんなもの？

Chapter 3

0 キャッシュ・フロー計算書って何だろう

キャッシュ・フロー計算書（C/S）ってなんだ？

「その企業の現金・預金がどれくらい増減したのか」を計算する書類。キャッシュ・フロー計算書は、簡単に言ってしまえばこれだけです。

英語ではCash Flow Statement（C/S）で、この本では「キャッシュ・フロー計算書」について言及する際には「C/S」を使用し、単に「キャッシュ・フロー」というワードの略称としては「C/F」を使用します。

「現金がなくなってしまったために仕入代金などが支払えなくなり、倒産に至る」……という、「**黒字倒産**」という言葉を聞いたことがないでしょうか。

利益がプラスでも倒産する？

利益がプラスでも、キャッシュ・フローがマイナスになることもあります。

たとえば、売上代金を顧客がクレジットカードで支払った場合です。
P/Lの売上・利益には、この支払いのタイミングで記載されますが、代金はクレジットカードで支払われているため、企業には現金が後追いで入ってきます。
もちろんこれは企業にもよりますが、たとえば1カ月などの間、**売上はたっているのに、現金の変動はゼロ**なのです。

さらにこの1カ月の間に、その企業が仕入代金の支払いの必要があったとしても、現金がなければ仕入代金が払えず、信用を失った結果、倒産に至ってしまうというわけです。**P/L上は利益が出ているのに、現金が足りなくなっている状態**です。

こうした事態を避けるためには、現金預金の残高の動きを常に把握しておく必要があります。また、資金がしっかりと回っているかどうかは、投資家等にとっても重要な情報となります。

お気づきの通り、これらを知るための資料がキャッシュ・フロー計算書なのです。

企業の「3つの活動」とは？

企業の活動には、大きく分けて**「営業活動」「投資活動」「財務活動」**の3つがあります。C/Sは、この企業の活動によって得られた「収入」から、外部への「支出」を差し引いて手元に残る資金（現金）を計算するものです。

ここで一度、C/Sの実物と、実物を図解したものを見てみましょう。

●C/Sの実物と図解

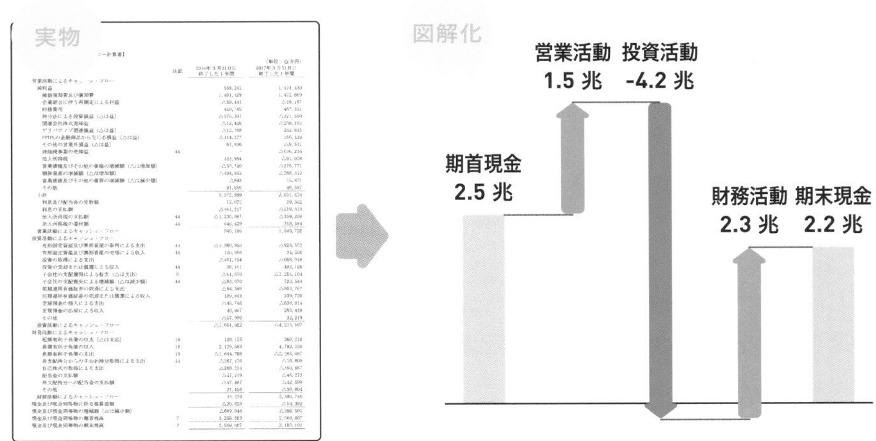

実物

ー計算書】

（単位：百万円）

	注記	2016年3月31日に終了した1年間	2017年3月31日に終了した1年間
営業活動によるキャッシュ・フロー			
純利益		558,241	1,474,430
減価償却費及び償却費		1,401,429	1,472,069
企業結合に伴う再測定による利益		△59,441	△18,187
財務費用		449,745	467,311
持分法による投資損益（△は益）		△375,397	△321,550
関連会社株式売却益		△12,428	△238,103
デリバティブ関連損益（△は益）		△12,789	262,815
FVTPLの金融商品から生じる損益（△は益）		△114,277	166,419
その他の営業外損益（△は益）		67,836	△9,511
非継続事業の売却益	44	-	△636,216
法人所得税		443,994	△91,028
営業債権及びその他の債権の増減額（△は増加額）		△50,740	△275,771
棚卸資産の増減額（△は増加額）		△104,933	△268,312
営業債務及びその他の債務の増減額（△は減少額）		△693	15,873
その他		91,656	46,587
小計		1,972,989	2,051,424
利息及び配当金の受取額		12,072	29,502
利息の支払額		△461,217	△519,373
法人所得税の支払額	44	△1,230,087	△359,299
法人所得税の還付額	44	646,429	318,394
営業活動によるキャッシュ・フロー		940,186	1,500,726
投資活動によるキャッシュ・フロー			
有形固定資産及び無形資産の取得による支出	44	△1,366,960	△923,502
有形固定資産及び無形資産の売却による収入	44	100,958	34,506
投資の取得による支出		△467,754	△688,918
投資の売却または償還による収入	44	56,161	482,128
子会社の支配獲得による収支（△は支出）	5	△61,670	△3,254,104
子会社の支配喪失による増減額（△は減少額）	44	△63,070	723,544
短期運用有価証券の取得による支出		△94,349	△503,767
短期運用有価証券の売却または償還による収入		189,844	239,730
定期預金の預入による支出		△45,748	△636,914
定期預金の払戻による収入		40,907	283,419
その他		△57,999	32,219
投資活動によるキャッシュ・フロー		△1,651,682	△4,213,597
財務活動によるキャッシュ・フロー			
短期有利子負債の収支（△は支出）	19	128,135	360,216
長期有利子負債の収入	19	2,129,683	4,792,530
長期有利子負債の支出	19	△1,604,788	△2,283,667
非支配持分からの子会社持分取得による支出	44	△267,176	△18,600
自己株式の取得による支出		△269,214	△350,857
配当金の支払額		△47,219	△46,273
非支配持分への配当金の支払額		△47,497	△41,599
その他		21,426	△30,604
財務活動によるキャッシュ・フロー		43,270	2,380,746
現金及び現金同等物に係る換算差額		△20,820	△54,382
現金及び現金同等物の増減額（△は減少額）		△689,046	△386,505
現金及び現金同等物の期首残高	7	3,258,653	2,569,607
現金及び現金同等物の期末残高	7	2,569,607	2,183,102

左が実際のC/S（今回の例では、2016年度のソフトバンクのC/Sを使用）で、右側が図解化したものです。左側のように、実際のC/Sは細かい項目（勘定科目）に分かれていますね。

● 矢印の意味について

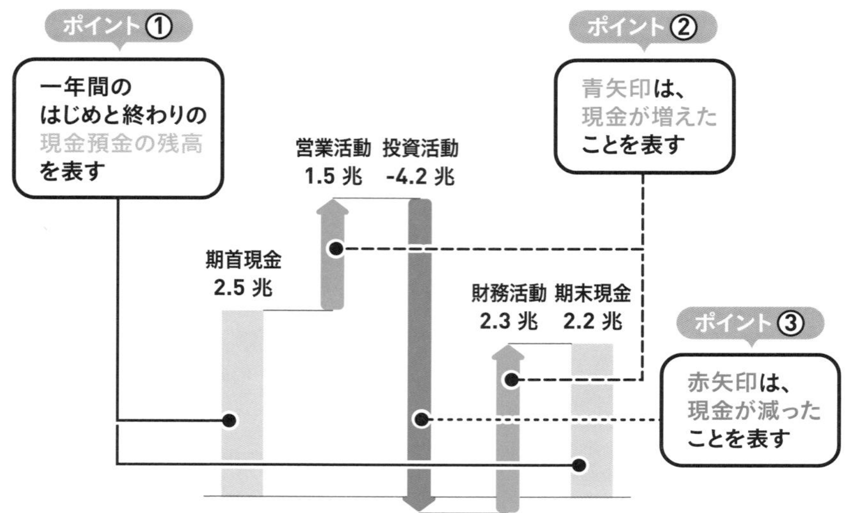

図解に使用されている棒グラフと矢印のイメージは下記の通りです。

〈ポイント①〉

左側の棒グラフと右側の棒グラフは、1年間のはじめの時点（期首）と、終わりの時点（期末）における現金預金の残高を表しています。左側が期首時点、右側が期末時点です。

〈ポイント②〉

青色の矢印は、「営業活動」「投資活動」「財務活動」のいずれかの活動によって、**現金預金の残高が増えた**ことを表します。

上図の場合、営業活動と財務活動によって現金預金が増えたことを表しているということです。

〈ポイント③〉

赤色の矢印は、「営業活動」「投資活動」「財務活動」のいずれかの活動によって、**現金預金の残高が減った**ことを表します。

上記の図の場合、投資活動によって現金預金が減ったことを表します。

次の図は、C/Sの3つの分類を大きなカテゴリーで括り、カテゴリーごとに金額の大きさとグラフの高さを対応させた図です。図解しただけでは各項目が何を表しているかがわかりにくいので、各項目を簡単に見ていきましょう。

●C/Sの大枠

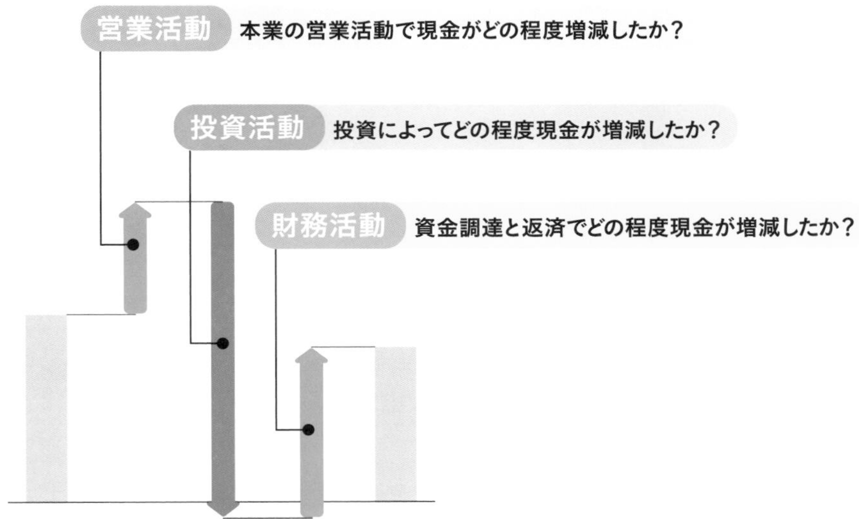
営業活動
本業の営業活動で現金がどの程度増減したか？
投資活動
投資によってどの程度現金が増減したか？
財務活動
資金調達と返済でどの程度現金が増減したか？

先ほども少し触れましたが、C/Sにかかわる企業の活動は大きく3つの活動に区分されます。

a. 営業活動…本業の営業活動による現金預金の増減
b. 投資活動…固定資産や、株式などの投資による現金預金の増減
c. 財務活動…資金調達や、借入金の返済等による現金預金の増減

では、それぞれの活動ごとにどのようなものが含まれるのかを見ていきましょう。

〈a. 営業活動によるキャッシュ・フロー〉

● 営業活動によるC/F

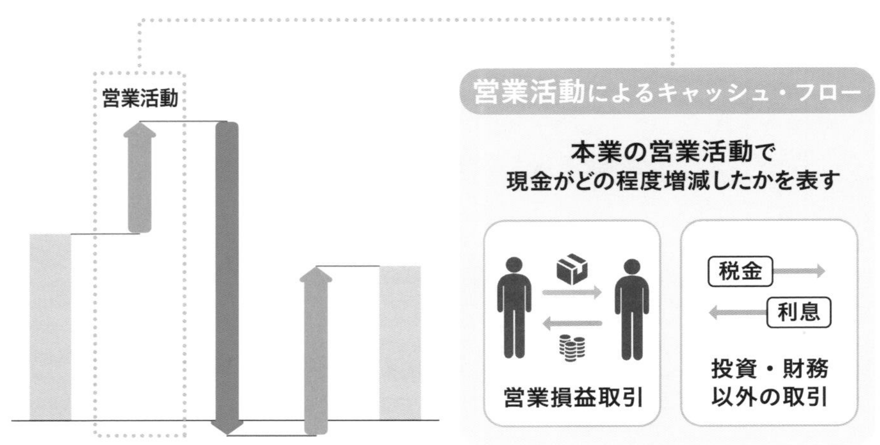

営業活動によるキャッシュ・フロー（以下、営業C/F）は、**企業の営業活動によって流入、流出した現金の動き**が記載されます。

たとえば、「商品を販売して手に入れた現金」「材料を仕入れるために支払った現金」「広告宣伝費などの販管費の支払の際に流出した現金」などが該当します。

また、営業活動の区分には「税金コストの支払」や「災害に伴う保険金の受取」などの、投資活動や財務活動にも区分されない項目も記載されます。

営業C/Fは3つの区分の中でも特に重要です。営業C/Fは、本業からの現金預金の収入・支出を表していて、**ここがプラスになっているかどうかは、利益が出ているかどうかよりも重要視される場合があります。**

営業C/Fの読み方

●営業活動によるC/F

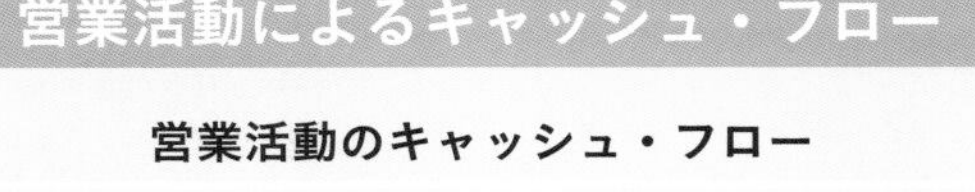

〈営業C/Fがプラスの場合〉

営業C/Fがプラスの場合、本業によってしっかりと現金預金が回る状態にあり、順調な状態であると見ることができます。

また、営業C/Fがプラスであれば、その分を投資活動の財源にしたり、株主への利益還元の財源にしたりすることができます。

〈営業C/Fがマイナスの場合〉

営業C/Fがマイナスの場合、他の投資活動や財務活動でそのマイナスを補う必要が出てきます。

営業C/Fが継続的にマイナスになっている場合は、事業を早急に改善していく必要があるといえます。なぜなら、投資活動や財務活動だけで永続的にマイナスを補い続けるのは難しいからです。

〈b. 投資活動によるキャッシュ・フロー〉

●投資活動によるC/F

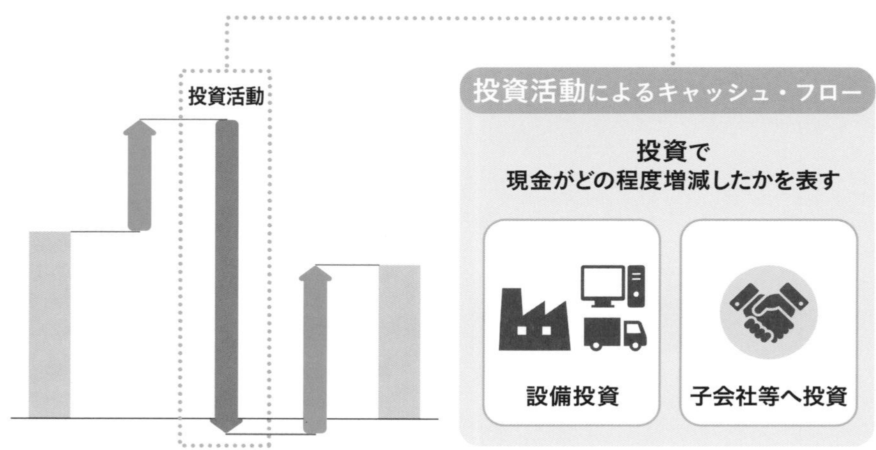

投資活動によるキャッシュ・フロー（以下、投資C/F）は、**企業の投資活動によって流入・流出した現金の動き**が記載されます。

投資C/Fは、投資を行って現金を支払ったのであればマイナスになり、設備や株を売却して現金を受け取ったのであればプラスになります。

この投資C/Fは、「マイナスだからダメ」ということはありません。

投資C/Fで見るべきポイントは、営業活動や財務活動によって流入した**現金を投資して、「事業拡大を目指した動き」を取れているか**、という点です。

投資を行わない企業は現状維持のままで終わってしまいます。そのため、企業は基本的に投資をする必要があります。逆に言えば、投資C/Fが大幅にプラスである会社は、事業を縮小しようとしていると捉えることができる場合もあります（追って、分析のパターンを紹介します）。

投資C/Fを読み解くことで、企業の投資方針などの経営スタンスを推測することができます。

投資C/Fの読み方

●投資活動によるC/F

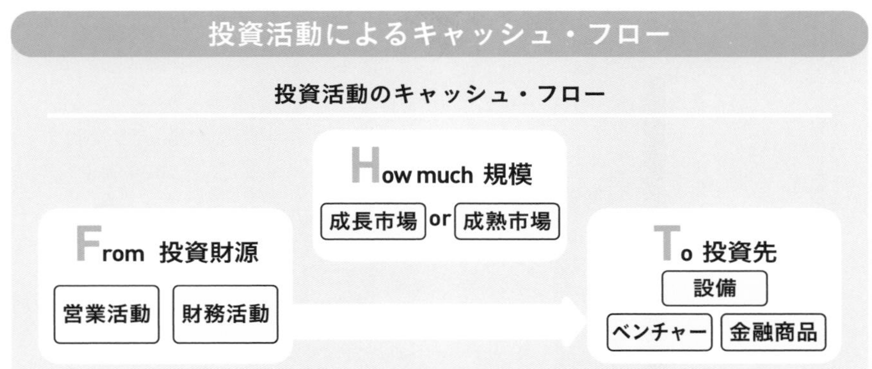

投資C/Fの中で特に着目すべきポイントは、

・投資の財源はどこから来ているのか？
・投資先はどこなのか？
・投資する市場は、どのステージでどの程度の投資を行っているのか？

などです。

たとえば、店舗を持つ企業の場合、「営業活動で得た資金を成熟市場の設備投資に回す」などです。

企業の例をあげると、ソフトバンクは「財務活動によって得た現金で成長市場のベンチャー企業に投資している」一方、サイバーエージェントは「営業活動で得た現金を成長市場に位置する新規事業に投資している」のです。

どちらも成長市場に資金を投資していることには変わりありませんが、ソフトバンクは**財務活動**から、サイバーエージェントは**営業活動**から資金を得ているという点で両者は異なります。

〈c. 財務活動によるキャッシュ・フロー〉

●**財務活動によるC/F**

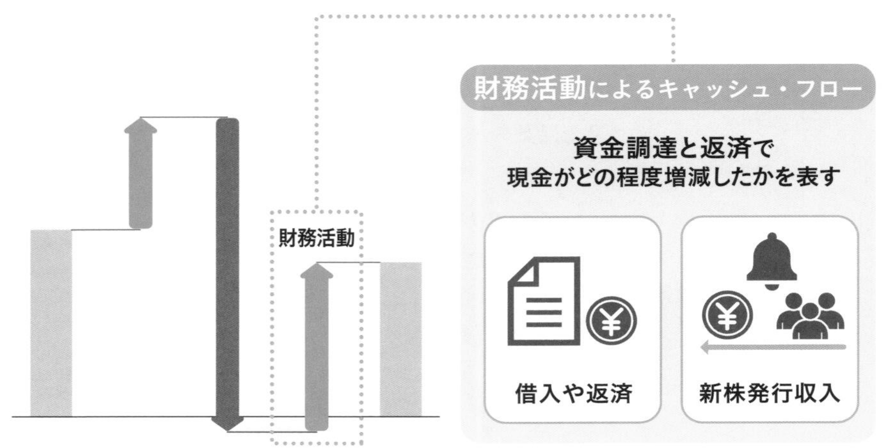

財務活動によるキャッシュ・フロー（以下、財務C/F）は非常にシンプルで、**企業が株式や借入金を通して資金調達を行う際の、調達と返済の状況**が記載されます。

財務C/Fは、資金調達をして現金預金が増えたらプラス、減ったらマイナスです。

企業が上場した場合、そのタイミングでの財務C/Fは非常に大きくなることが多いです。なぜなら、上場のタイミングで一般投資家から何十億、何百億と資金を調達することができるからです。

ちなみに、上場する会社の情報は東証の新規上場会社情報で見ることができます。
（https://www.jpx.co.jp/listing/stocks/new/index.html）

過去に上場した会社の１年後の有価証券報告書から、上場期の財務C/Fを見てみると、大きくなっていることが確認できると思うので、興味のある方はぜひ見てみてください。

キャッシュ・フロー計算書のまとめ

3つの活動の数字の意味

3つの活動の数字の意味

	プラス	マイナス
営業活動	本業で資金を獲得	本業で資金が流出
投資活動	設備や株を売却	設備や株へ投資
財務活動	資金を調達	返済

- C/Sは現金預金の動きを見ることができる表である。
- 動きは、営業活動、投資活動、財務活動に分けて把握する。
- 営業C/Fは、本業の事業によってどれくらいの現金預金が動いたかを示す。
- 投資C/Fは、固定資産や株式などの投資によってどれくらいの現金預金が動いたかを示す。
- 財務C/Fは、借入や投資などの資金調達によってどれくらいの現金預金が動いたかを示す。
- C/Sは、黒字倒産に陥らないために重要な、現金預金の動きをしっかりと把握できる。

絶対的ではありませんが、C/Sについては営業C/F、投資C/F、財務C/Fの3つの動きの組み合わせによって、会社がどのフェーズにいるのかを把握できる場合があります。

ではここで、**C/Sを用いた簡単な財務分析**をやってみましょう。C/Sは3つの活動でそれぞれがプラスorマイナスの値を取るので、全部で8つのパターンがありますが、その中でも**代表的な6つ**を紹介していきます。

●3つの活動と動向パターン

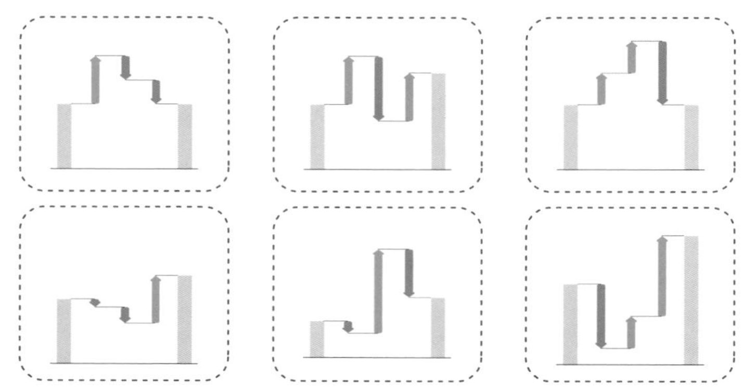

C/Sを見る際には、「各活動によるキャッシュ・フローがどのような状態なのか」「3つを合わせると上記のどの形になるのか」を考えながら見ていくことで、企業の状況の大枠を把握することができるようになります。

それぞれ6つのパターンを紹介します。

●①健全型C/S

営業活動　投資活動

財務活動

企業のあるべき姿の1つ
本業で資金を獲得し、その資金で投資、借入の返済を行っている

健全型のキャッシュ・フローは、企業があるべき姿の1つです。本業で得た資金を、投資や借入金の返済に充てている状態です。

②積極型C/S

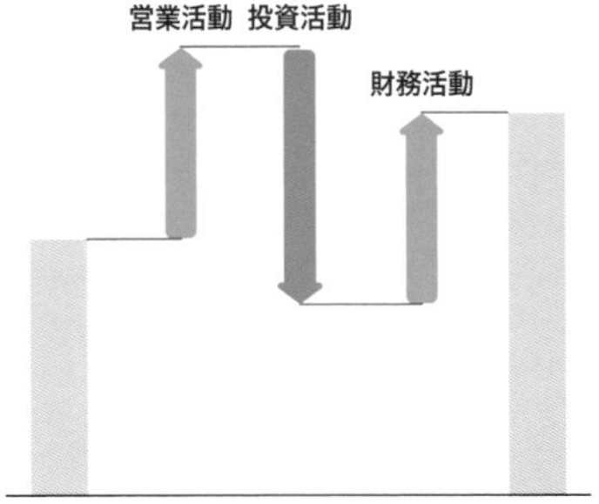

事業拡大フェーズの企業
本業で資金を獲得し、投資を行い、足りない分を借り入れている

積極型のキャッシュ・フローは、事業拡大フェーズの企業に多いキャッシュ・フローです。本業で得た資金を投資に回す一方で、足りない分を借入金等によって賄っている状態です。

③改善型C/S

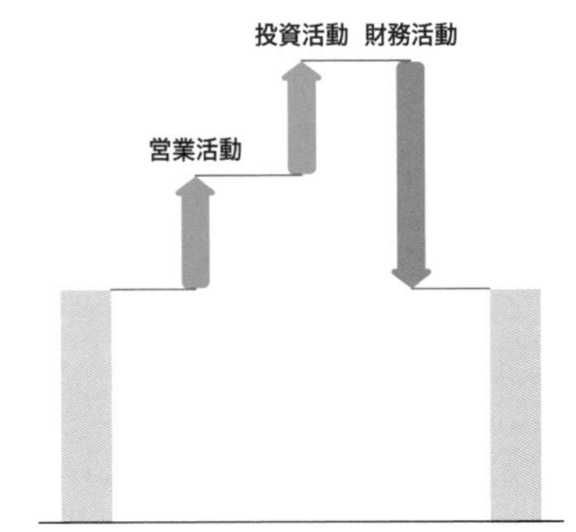

事業を縮小しようとしている企業
本業と設備売却で資金を得て、返済を充てている

改善型キャッシュ・フローは、事業を縮小しようとしている企業に多いキャッシュ・フローです。

本業で得た資金に加え、固定資産等の売却で得た資金なども活用して、借入金の返済等を行っている状態です。投資活動が行われていない状態なので、事業が縮小していくことがわかります。

④衰退型C/S

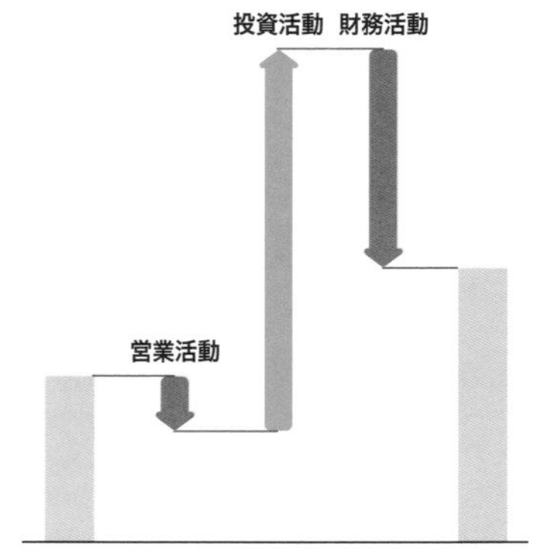

事業が衰退している企業
本業から資金が流出しており設備を売却し返済を進めている

衰退型キャッシュ・フローは、事業が衰退している企業に多いキャッシュ・フローです。本業で資金が流出しており、固定資産等の売却で得た資金等で、借入金の返済等を行っている状態です。

⑤勝負型C/S

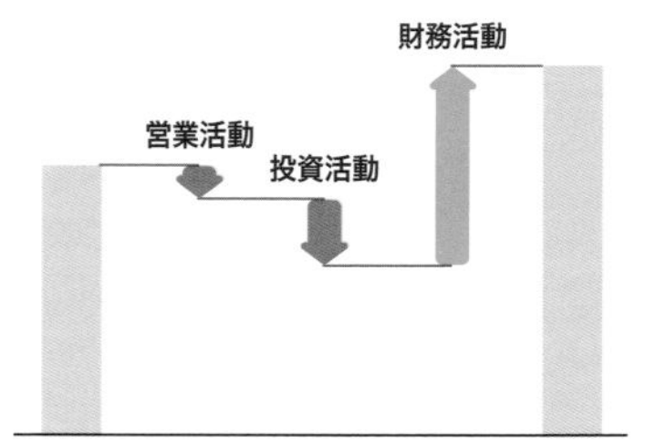

資金繰りが厳しい状態の企業
本業で資金が流出してるが借入によって投資を行っている状態

勝負型キャッシュ・フローは、資金繰りが厳しい企業に多いキャッシュ・フローです。本業で資金が流出している中、借入金等の資金調達で得た資金を投資に充てている状態です。ベンチャー企業などでこの形がよく見られます。

⑥救済型C/S

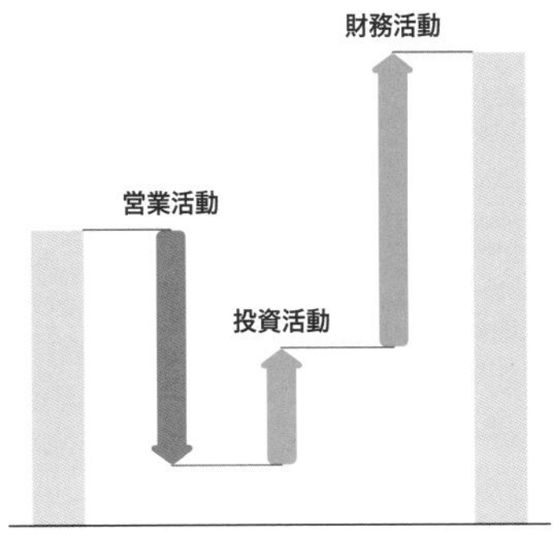

かなり厳しい状態の企業
本業で資金が流出してるため、設備を売却し、
さらに足りない分を借り入れて対応している

救済型キャッシュ・フローは、かなり厳しい企業に多いキャッシュ・フローです。本業で資金が流出しており、固定資産等の売却を行っても資金が足りず、追加で借入を行っている状態です。

2016年度の東芝のC/Sはこのようになっていました。

2016年度の東芝のC/S

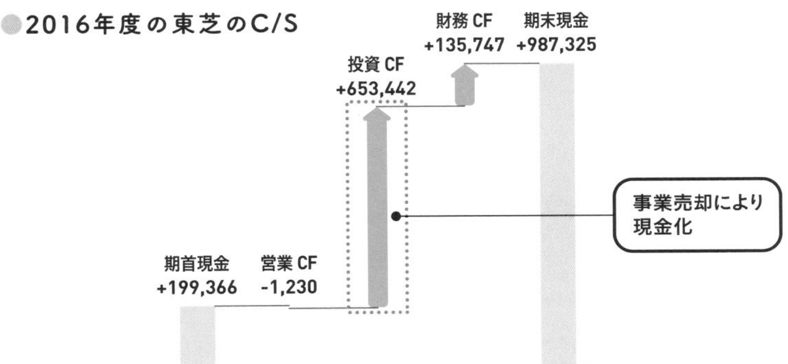

本業で資金が流出しており主力事業を複数売却し資金を賄っている

2016年度は、不正会計やのれんの減損などがニュースに取り上げられ問題となりました。

この時、東芝は営業活動から資金を得ることができず、事業を売却することで大量の資金を確保していました。6つのパターンでいうと、救済型の状態にあたります。

では、例のごとく会計クイズを1問解いてみましょう。
以下はメルカリと楽天のC/Sです。

メルカリのキャッシュ・フロー計算書はどちらでしょうか？

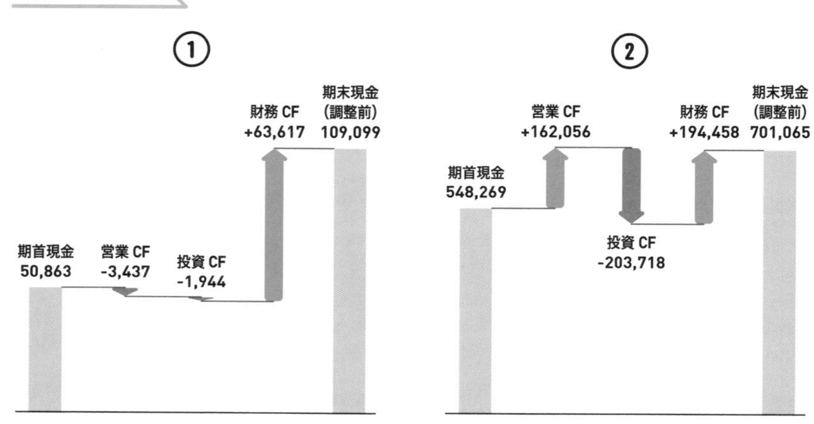

（＊メルカリは 2018 年 6 月決算、楽天は 2018 年 12 月決算のデータを基に作成）

〈ヒント〉

・左側は本業でキャッシュ・フローがプラスになっておらず、資金が足りないため借入や投資などの資金調達を行っている「勝負型」のC/Sです。
・右側は本業でキャッシュ・フローがプラスになっており、得た資金を投資に回している上、さらに資金調達で得たお金も投資に回している「積極型」のC/Sです。
・メルカリと楽天のビジネスの状況を俯瞰して考えてみましょう。

では、解答を見てみましょう。

正解は
選択肢①が
メルカリ

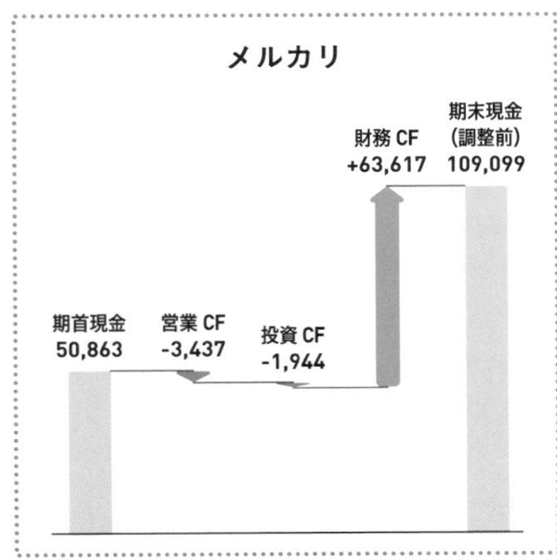

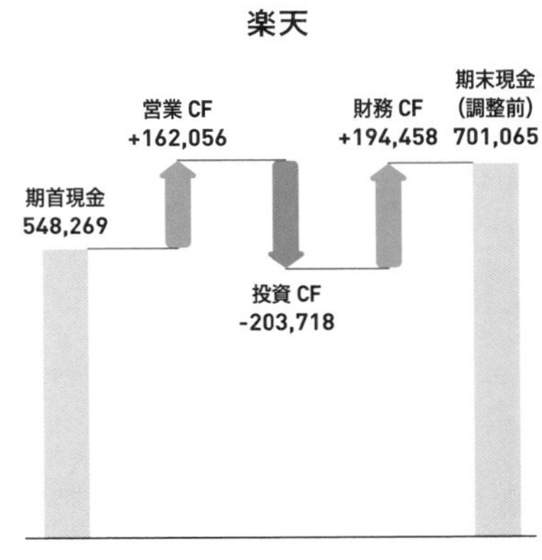

正解は、左側がメルカリのC/Sでした！　形からしっかりと判断できていればベストです。

さて、ここまで貸借対照表→損益計算書→キャッシュ・フロー計算書と財務3表の概要はざっと押さえることができました。実例をもとに見てみるとよりC/Sの理解が深まるので、このままC/Sの会計クイズにチャレンジしていきましょう！

Chapter 3

1 【IT】P/Lが赤字なのにC/Sが黒字になる？

上場してすぐのC/Sを見比べる

C/S自体は少々理解しづらい部分もありますが、この問題はさほど難しくありません。

1問目に取り上げる企業は、2019年の同時期に上場した2社、「Sansan」と「スペースマーケット」です。この2社は上場してまもなくの決算書で、P/L上だと赤字です。P/L上では両社ともに赤字になっているのに、どちらか1社だけ、C/S上では営業キャッシュ・フローが黒字になっています。

では、見ていきましょう！

Q Sansanのキャッシュ・フロー計算書はどちらでしょう？

Sansanの
C/Sはどちら
でしょう？

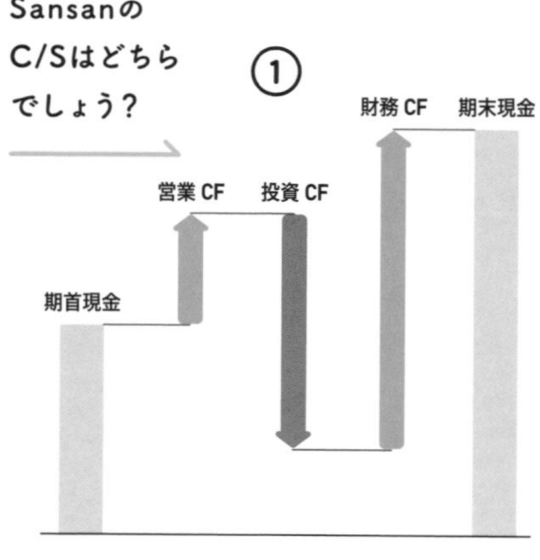

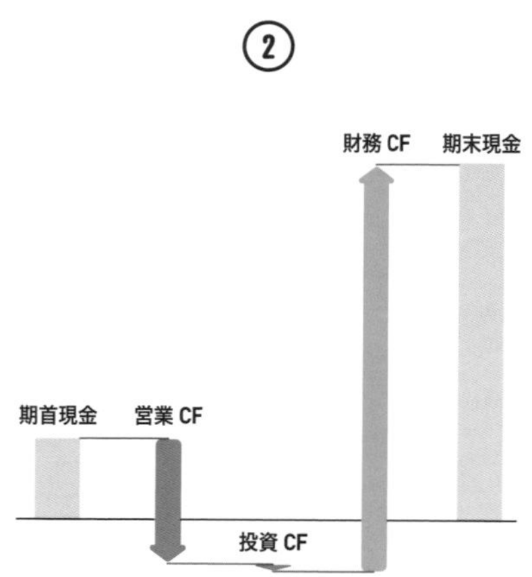

今回の登場企業

●Sansan
企業向けのSansan、個人向けのEightという名刺管理ツールを提供。

●スペースマーケット
あらゆるスペースを時間単位で貸し借りできるプラットフォームを運営。

〈2社のC/Sの違いを考える〉

この2つのC/Sを見比べると、確かに営業C/Fのところだけ①はプラスで、②はマイナスになってますね。

どっちもP/L上では赤字なのに、1社は営業C/Fが黒字で、1社は赤字なんですね……？　どういうことなんでしょうか。

P/Lが赤字ならC/Sは赤字になっているはずと考えるのが普通なんだけどなぁ。そもそもこの2社がどういうビジネスでお金を稼いでいるかってとこを把握しておきたいんだけど……。

〈2社のビジネスモデルを考える〉

Sansanは主に企業向けの名刺管理サービスを提供していてBtoBビジネスですよね。

それで言うと、スペースマーケットは場所を貸したい人と借りたい人をマッチングするサービスなので、BtoCビジネスになりますかね。

スペースマーケットって、プラットフォームを提供してユーザーが1回使ったらその都度手数料をもらう感じだよね？　ショットでの入金があるっていうか。Sansanはどうなんだろう？

Sansanもサブスクリプションなら、登録ユーザーの数に応じて、毎月お金が入ってくる仕組みってことですね。

あれ？　いえ、Sansanはうちの会社でも導入してますが、年間契約でその年1年分の使用料を前払いしているみたいですよ。

そうなんですか。言われてみれば確かに企業向けですし、手間を省くためにも毎月契約更新はしないですよね。ということは、Sansanはライセンス数×1年分の利用額がまとめて入ってくる……ということでしょうか。

なるほど、サービスの利用に応じてお金が入ってくるのは同じだけど、

利用の都度お金が入るか、年間契約かの違いがありそうだね。前受けで入金があるってことは、**まだ利益になっていないけど、お金の流れとしては先に現金が来る**もんな。これは①がSansanだね。

正解。①がSansanだよ！

正解は
選択肢①が
Sansan

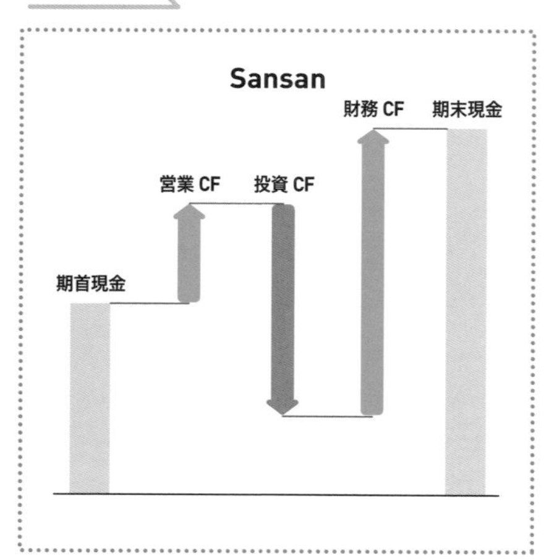

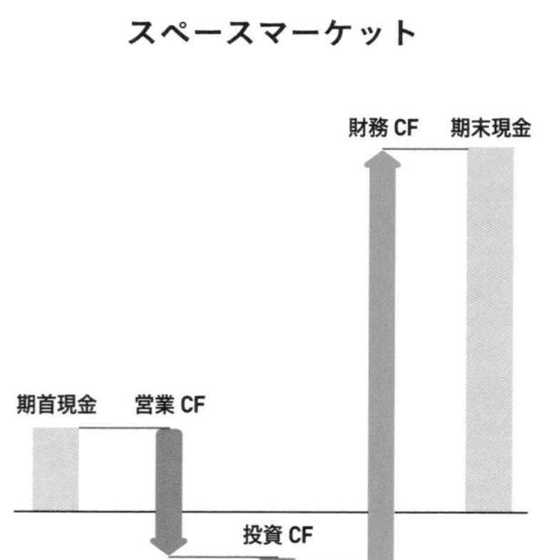

「上場って、儲かっている会社がするものではないか？」と思われる方もいるかもしれませんが、赤字の状態で上場する会社も少なくありません。

実際、今回取り上げたSansanは、営業利益ベースでは赤字上場でした。また、選択肢②の「スペースマーケット」もSansanと同じ2019年に上場していますが、営業損失が載っています。

Sansanは、多額の広告宣伝費をかけており、シェア拡大のための先行投資が読み取れます（部下と取引先とのつながりを知らなかった上司が「それ、早く言ってよ〜」と言うCMに聞き覚えのある方もいるのではないでしょうか）。

●広告宣伝費の先行投資による赤字上場

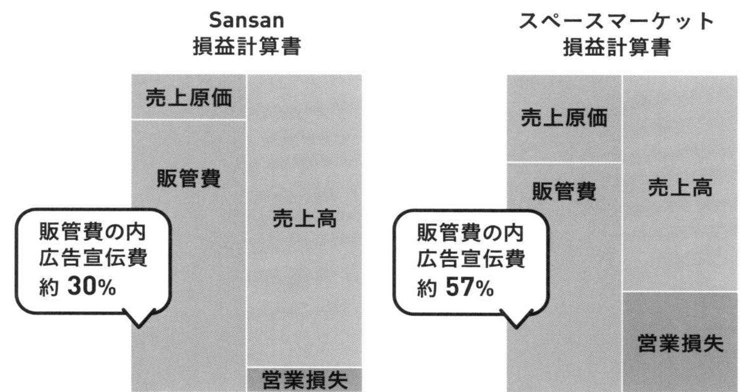

選択肢①と②を見比べたときに「矢印の向き」で明らかに違いはあるのは、「営業活動から現金をどれだけ生み出したか」が表示される営業C/Fです。

P/Lが赤字なら、C/Sも赤字になることが多い一方、この選択肢①は営業C/Fが上向きの青色矢印になっていて、プラスなのです。

Sansanの強力な契約形態

●料金回収のタイミング

「Sansan」サービスの価格は主に以下の4つから構成

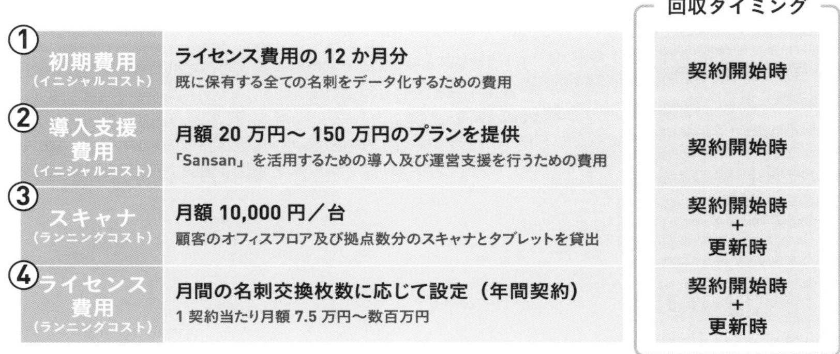

		内容	回収タイミング
①	初期費用（イニシャルコスト）	ライセンス費用の 12 か月分 既に保有する全ての名刺をデータ化するための費用	契約開始時
②	導入支援費用（イニシャルコスト）	月額 20 万円～ 150 万円のプランを提供 「Sansan」を活用するための導入及び運営支援を行うための費用	契約開始時
③	スキャナ（ランニングコスト）	月額 10,000 円／台 顧客のオフィスフロア及び拠点数分のスキャナとタブレットを貸出	契約開始時 ＋ 更新時
④	ライセンス費用（ランニングコスト）	月間の名刺交換枚数に応じて設定（年間契約） 1 契約当たり月額 7.5 万円～数百万円	契約開始時 ＋ 更新時

基本的に料金は 1 年分の前払い

これはSansanの料金回収のタイミングに理由があります。企業向けが9割以上の売上を占めるSansanは、料金は1年分の前払いが基本となっています。

Sansanの貸借対照表

（単位：千円）

	前連結会計年度 （2018年5月31日）	当連結会計年度 （2019年5月31日）
負債の部		
流動負債		
買掛金	59,883	96,169
短期借入金	13,500	18,000
1年内返済予定の長期借入金	94,534	133,134
未払金	654,533	770,424
未払法人税等	24,258	41,283
未払消費税等	－	184,745
前受金	2,798,027	3,923,177
賞与引当金	133,416	199,010
事業所閉鎖損失引当金	－	6,960
その他	41,563	55,868
流動負債合計	3,819,717	5,428,772
固定負債		
長期借入金	127,706	233,714
その他	39,079	43,664
固定負債合計	166,785	277,378
負債合計	3,986,502	5,706,151

契約企業から
1年分の料金を
前払いで受け取っている
↓
将来の売上高

これは、実際にSansanの貸借対照表を見たとき、財務数値上どのように反映されるかというと、貸借対照表の流動負債に「前受金」という科目で表示されます。

前受金とは何か

前受金って何？　売上と違うの？　という方もいるかもしれませんので、簡単に補足をしておきます。

Sansanの貸借対照表：〈補足〉前受金と売上高の関係

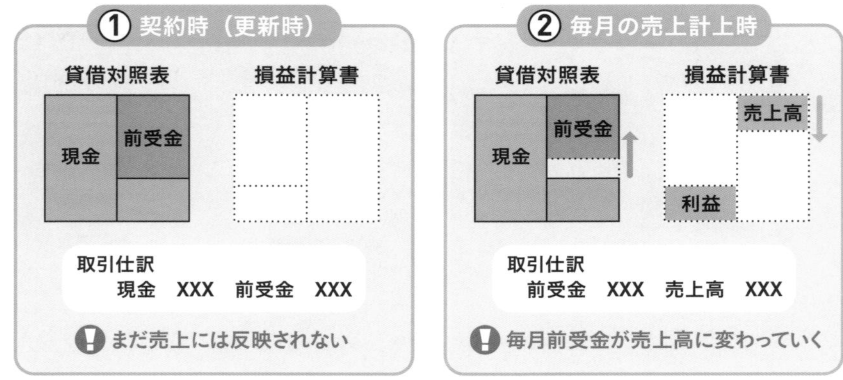

前受金は1年分の料金を事前に受け取っている形態であるため
将来的に売上高に入れ替わる

まず契約のタイミングで現金を1年分受領します。このタイミングでは売上高に計上されないため、損益計算書へのインパクトはありません。

この後、時間が経つにつれて貸借対照表の「前受金」が、損益計算書の「売上高」に変わっていくという流れです。

この強力な契約形態により、Sansanの貸借対照表は現金と前受金が大部分を占めています。サービスの提供前に1年分の現金が前もってもらえると強いですね。

メルカリにしろ、マクアケにしろ、近年話題になる有力ベンチャー企業の多くは、サービス提供前に現金が入る仕組みを作っていることが多いです。これは企業の成長段階で資金ショートしないためという理由も大きいでしょう。

●Sansanの貸借対照表

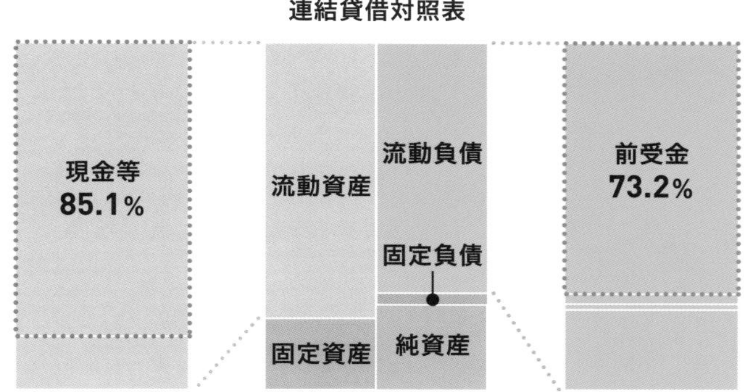

さて、それではこの現金の動き、キャッシュ・フロー計算書ではどのように反映されるのでしょうか。

Sansanのキャッシュ・フロー計算書を見てみましょう。

キャッシュ・フロー計算書の構成は、一番上に損益計算書の「税引前当期純利益（損失）」から始まり、その下から現金の増減項目を調整して営業活動のC/Fを算出する方法が多いです（初心者の方がつまずきやすいのはこの辺りでしょう）。

たとえば、減価償却費。損益計算書上は費用になりますが、実際に現金は流出しない費用項目です。つまり現金が流出しないため、キャッシュ・フロー計算書で表示される際は「プラス」の項目として表示されます。ここが利益の動きと現金の動きの大きな違いです。

話を戻してSansanのキャッシュ・フロー計算書を見ていきます。まず、先頭は損益計算書の税引前当期純損失からスタートです（赤字上場のため先頭からマイナススタートです）。

その後、色々調整が入るのですが、多額の調整が入ります。

「前受金の増減額」

これが上述した前受金の動きの調整です。まだ売上になっていないため損益計算書には反映されませんが、現金として受け取っているのでキャッシュ・フロー計算書には反映されます。

この大きな影響を考慮すると、営業活動のC/Fは一気に黒字転換します。これは非常に大きなSansanの強みです。

SansanのC/S

【連結キャッシュ・フロー計算書】	（単位：千円）
	当連結会計年度 （自　2018年6月1日 至　2019年5月31日）
営業活動によるキャッシュ・フロー	
税金等調整前当期純損失（△）	△937,602
減価償却費	459,657
減損損失	34,250
事業所閉鎖損失引当金の増減額（△は減少）	6,960
株式交付費	10,530
固定資産除去損	16,387
貸倒引当金の増減額（△は減少）	△1,812
賞与引当金の増減額（△は減少）	65,605
受取利息及び受取配当金	△2,079
支払利息	4,766
新株予約権戻入益	△4,725
売上債権の増減額（△は増加）	△111,289
前払費用の増減額（△は増加）	△67,067
未収消費税等の増減額（△は増加）	83,137
その他の資産の増減額（△は増加）	49,929
仕入債務の増減額（△は減少）	36,285
未払金の増減額（△は減少）	50,277
未払消費税等の増減額（△は減少）	184,745
前受金の増減額（△は減少）	1,125,161
その他の負債の増減額（△は減少）	24,351
その他	56,123
小計	1,083,592
利息及び配当金の受取額	1,297
利息の支払額	△4,822
法人税等の支払額	△7,258
営業活動によるキャッシュ・フロー	1,072,808

売上高**は**毎月計上**されるため**
前受金は損益計算書に反映されず
赤字の状態で当期純損失が計上

前受金として
事前に現金を受領**しているため**
キャッシュ・フローは前受金分増加

その結果最終的に
営業キャッシュ・フローは黒字化

一方、スペースマーケットのキャッシュ・フロー計算書がどうなっているかというと、こちらもスタートはSansanと同様赤字スタートですが、現金調整も、特に大きな影響のある調整はありません。そのため、そのまま営業活動のキャッシュ・フローは赤字の状態です。

スペースマーケットのC/S

【キャッシュ・フロー計算書】	（単位：千円）
	当事業年度 （自　2018年1月1日 至　2019年12月31日）
営業活動によるキャッシュ・フロー	
税引前当期純損失（△）	△271,923
減価償却費	1,198
株式交付費	1,929
社債発行費等	90
貸倒引当金の増減額（△は減少）	573
ポイント引当金の増減額（△は減少）	△2,030
受取利息及び受取配当金	△1
支払利息	1,247
売上債権の増減額（△は増加）	17,768
未収入金の増減額（△は増加）	△201,322
仕入債務の増減額（△は減少）	△9,710
未払金の増減額（△は減少）	124,560
預り金の増減額（△は減少）	60,399
その他	△86
小計	△277,307
利息及び配当金の受取額	1
利息の支払額	△1,247
法人税等の支払額	△410
営業活動によるキャッシュ・フロー	△278,964

広告費が先行し
Sansan 同様に赤字からスタート

損益計算書と現金の動きも
大きく相違はないため
営業キャッシュ・フローも赤字のまま

営業C/Fで明確な差が出る

Sansan

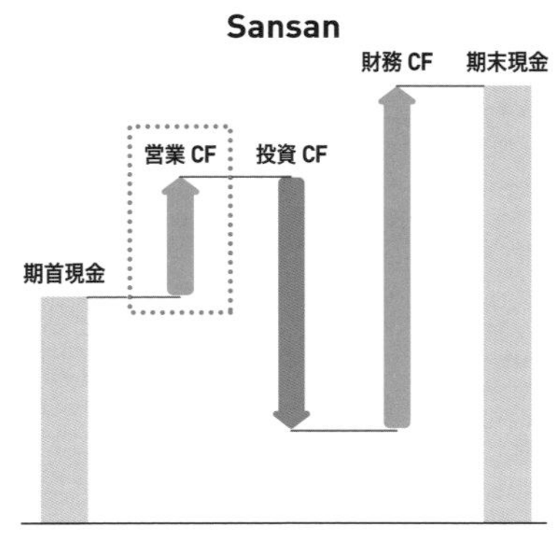

スペースマーケット

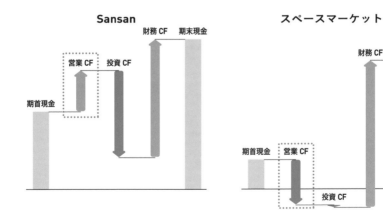

財務 CF
期末現金
期首現金
営業 CF
投資 CF

つまり、同じ赤字上場の2社ですが、契約形態の差により営業活動のC/Fは異なる動きをするということが見抜ければ、選択肢①がSansanであると見抜けるのです。

Column 4

会計クイズのInstagramを辞書として使おう

Column 2で触れたTwitterとは別に運用している、会計クイズのInstagramアカウントがあります。このアカウントは、通常投稿では財務指標と実際の使用例の解説、ストーリーズ機能では会計クイズの出題やビジネスの仕組みについての解説を行っています。

通常投稿は様々な財務指標を解説しているため、こちらのアカウントを用語集として辞書的に使っていただくことも可能です。

勉強会イベントには会計が全くわからないという初心者の方も多くいらっしゃいます。その際にこのアカウントを便利ツールとして利用してもらい、財務指標やB/S、P/L、C/Sの説明などを見つつ、楽しく勉強会に参加していただいています。

今後も継続して発信していきますので、ぜひご活用ください。

Chapter 3

2

【IT】投資C/Fのカラクリを見抜け

「銀行を子会社化した時のC/S」とは？

今回はヤフーとLINEのＩＴ2社を取り上げます。

事前にお伝えしておきたいのは、この2社の2018年3月期をテーマにした出題であり、資料は意図的に最新でないものを使用しているということです。

この時、ヤフーはジャパンネット銀行（現：PayPay銀行）を子会社化しています。こういった場合、C/S上の現金の動きがどうなるかに注目して、問題に挑んでみてください。

ヤフーのキャッシュ・フロー計算書はどちらでしょう？

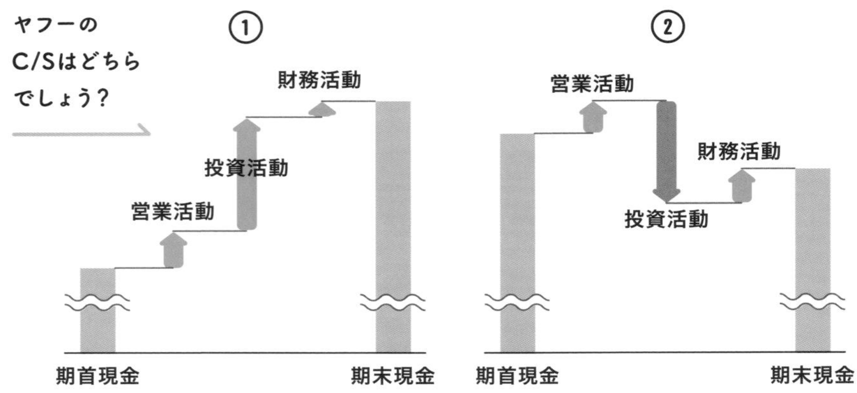

今回の登場企業

●ヤフー
日本最大級のポータルサイト「Yahoo!」を運営。また、Yahoo!ブランドを冠した様々なWEBサービスを提供。

●LINE
コミュニケーションアプリ「LINE」や、LINEブランドを冠した様々なサービスを提供。

銀行を子会社化した時のC/F、ですか……。同じネット系2社で、営業活動C/F・財務活動C/Fにはあまり大きな変化はないですが、投資活動C/Sは正反対の矢印ですね。

普通は会社を買収するとどうなるんですか？

会社を買うときに株式を買うから、現金が出る（＝キャッシュアウト）よね。投資活動でお金が出るってことは、普通はこの矢印が下向きになるはず。

それだけで考えると、銀行を買収しているヤフーが選択肢②ですかね？買収には多額の投資が必要なので、投資C/Fがマイナスになるっていう。

うーん……。逆に、なんだけど。投資活動が上向きになっている選択肢①がLINEだとすると、LINEってそもそもこの時期に投資活動が上向きになることしたんだっけ？

質問ばっかりで申し訳ないんですけど、投資活動の矢印が上向きになるのってどういう時なんですか？

固定資産……たとえば設備や株・有価証券などを売却すると上向きになるでしょうね。

うん。ただ、LINEは成長過程の会社だし、IT企業っていうこともあって、固定資産もさほど持ってる会社じゃないはず。だから、投資活動でプラスになるようなことをするかな……っていう引っ掛かりはあるんだよね。

お金が欲しいということであれば、株式の新規発行をするでしょうから、財務活動が上向きの矢印になるでしょうしね。その視点で見ても、選択肢①は財務活動の動きも微妙ですね……。

やっぱり、銀行を買収したっていうのが何かのポイントなんじゃないでしょうか。

あっ……。もしかして銀行を買収しているということは、期首と期末で現金の量を比較すると、株式取得のためにお金は出ていく一方で、それ以上に現金が入ってくる、という可能性はないでしょうか……？

それだ。出る金額より入る金額の方が多いから、企業を買収したのに投資C/Fがプラスになってる①がヤフーだね。

正解！　①がヤフーだよ。

正解は選択肢①がヤフー

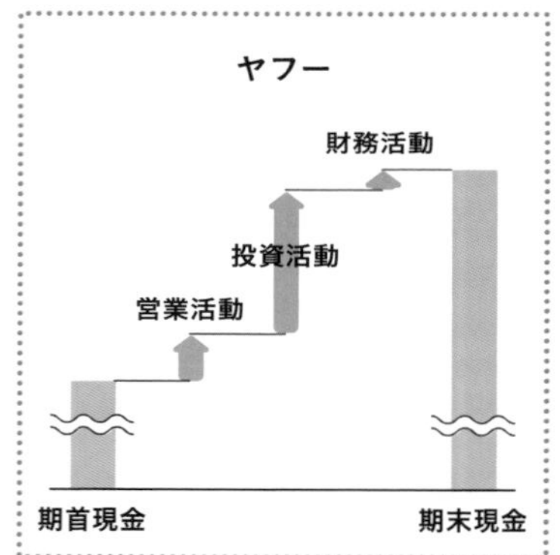

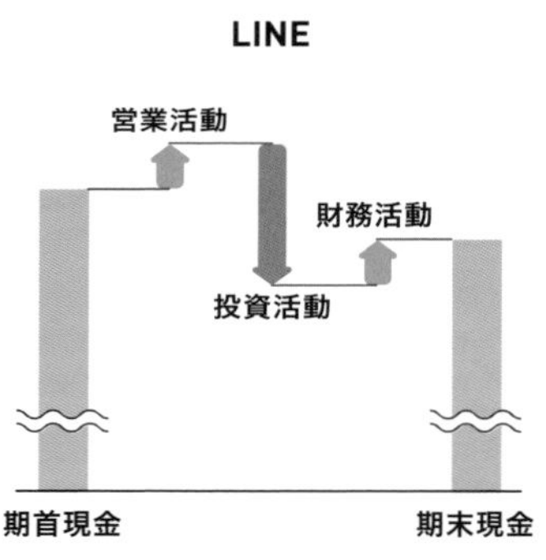

今回の判断ポイントは、投資C/Fの矢印の向きです。もっと言うと、銀行の買収によって、投資C/Fがプラスになるのか・マイナスになるのかというのが肝でした。参加者の皆さんの着眼点はバッチリでしたね。

前提条件から解説していくと、ヤフーは銀行を買収した結果、貸借対照表が大きく増加しました。

ヤフーの財務データの前当期比較

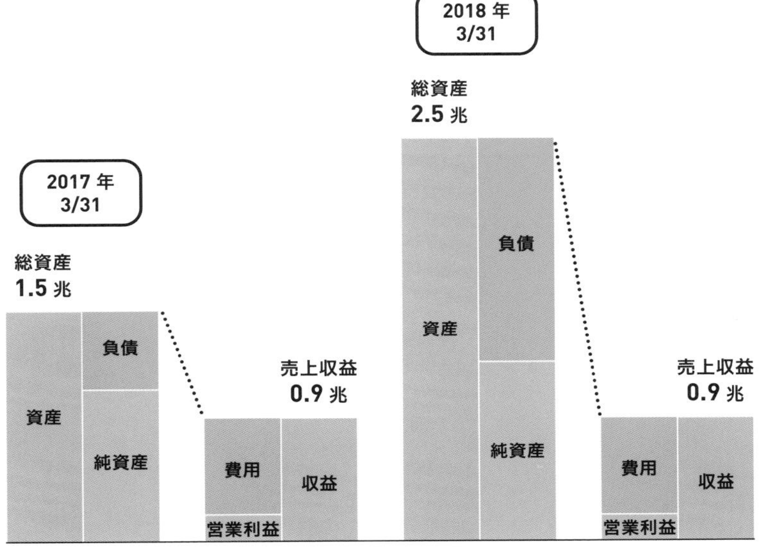

銀行を子会社化しバランスシートが大きく増加

次に、C/Sを見ていきます。

一般的に企業を買収した場合、企業の有価証券を買うのに現金が出ていくため、投資C/Fはマイナスになるのが普通です。

連結C/S（新規連結子会社がある場合）

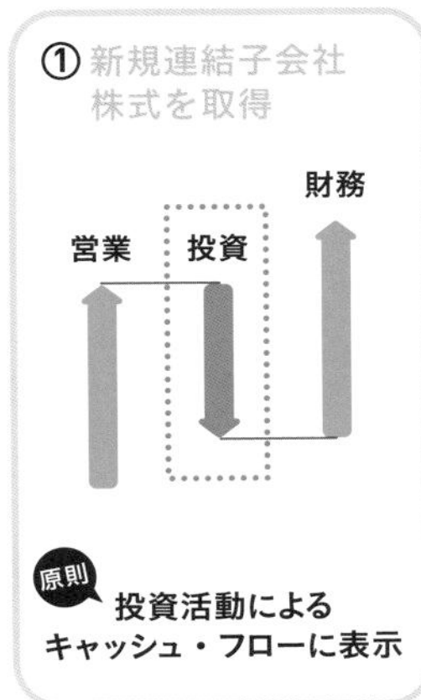

●ヤフーの連結C/S

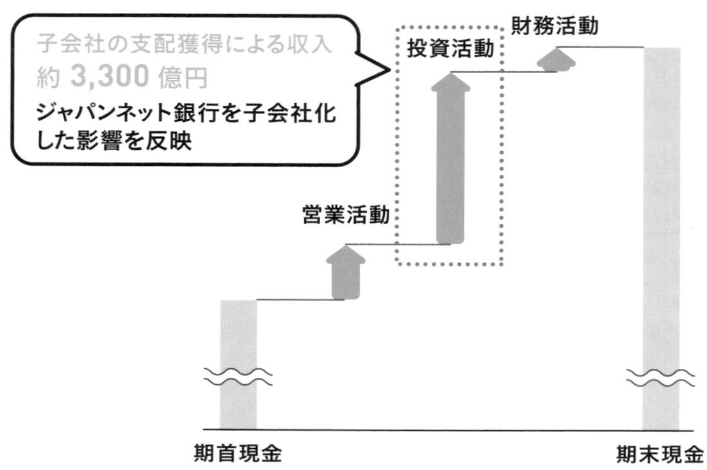

しかし、今回は銀行を買収しており、買収先の銀行が多額の現金を持っていました。この現金は、買収後にヤフーのキャッシュ・フローと合算されるため、結果的にヤフーには多額のキャッシュ・フローが流入することになります。

ジャパンネット銀行の買収に際して、買収元のヤフーが買収の際に支出した金額より、ジャパンネット銀行が買収直前に持っていた現金の額の方が多かったため、結果的に買収後にキャッシュ・フローが増加するという特殊な事例となったのです。

Chapter 4

B/S＋P/Lの
複合問題に挑め！

Chapter 4

0

B/SとP/Lはつながっている

B/SとP/Lはつながっている

さて、ついに最後のチャプターとなりました。今までB/S、P/L、C/Sと財務3表をそれぞれ見てきましたが、ここでは、「B/SとP/Lのつながり」について見ていきたいと思います。

「資産・負債・純資産」と、「収益・費用」はどのようにつながっているのかを知るととても面白いので、「財務3表終わったから、もう読むのをやめよう」と言わずに、あと少しだけお付き合いください。

実は、今まで確認したB/SとP/Lは、**密接に連携しています。**

言葉だけでは具体的にイメージしづらいので、簡単な取引の例と一緒に見ていきましょう。

どの企業も、運営するための資金調達をする必要があります。

調達の方法は主に2つ。①株主から調達する方法、②銀行等から借り入れて調達する方法です。

まず、株主から調達したお金は、資本金（純資産）に計上されます。純資産は基本的に企業の自己資本と呼ばれ、返済が不要な資金になります。

●基本的な仕組み

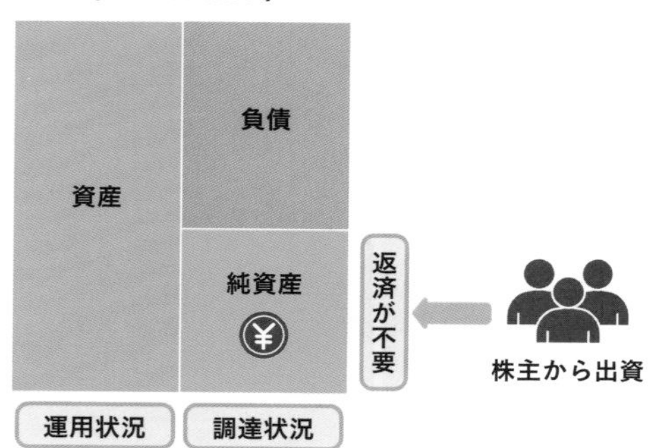

1つ目の**株主から調達したお金は、企業の成長のために様々な用途で使うことができます。**たとえば、企業の商品を製造するための「生産工場」を建てるために使う……などです。

●基本的な仕組み

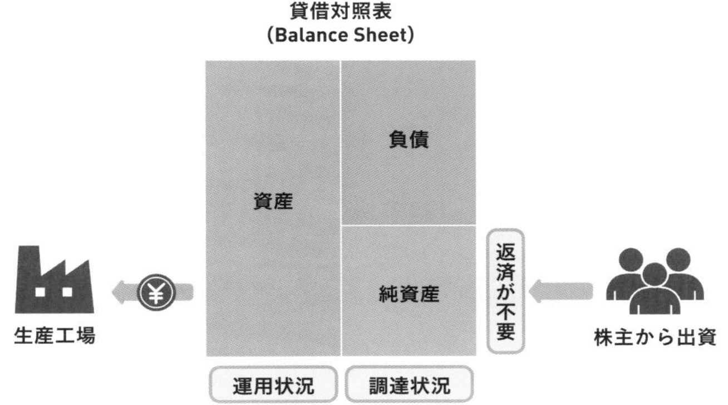

2つ目の**銀行等の金融機関から借り入れる方法の場合、借り入れたお金は借入金(負債)として計上され、借入金は期限内に利息を付けて全額返済する**必要があります。

●基本的な仕組み

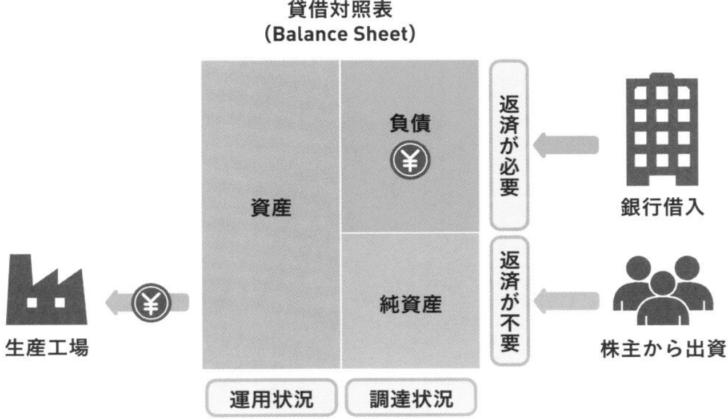

もちろん、借り入れたお金であっても、企業の成長のために様々な用途で使えることには変わりありません。たとえば、前述のように生産工場を建てることにも使

えますし、材料を仕入れることにも使えます。

●基本的な仕組み

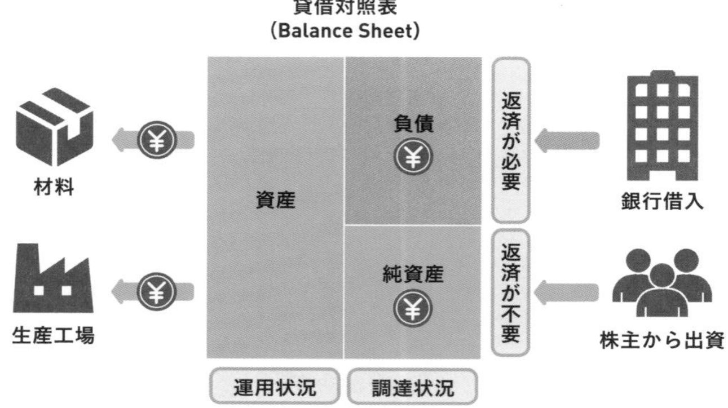

このように、貸借対照表は「企業の運営に必要なお金をどのような手段（負債または純資産）で集めてきたのか」、そして、「集めたお金をどのような用途で使ったのか」ということが一覧できる表になっているわけです。

資産内で動きが起こることもあります。たとえば、先ほどのように材料を仕入れてきて加工した後に商品が完成した場合、材料という資産で計上されていたものは、商品という資産に変わります。

●基本的な仕組み

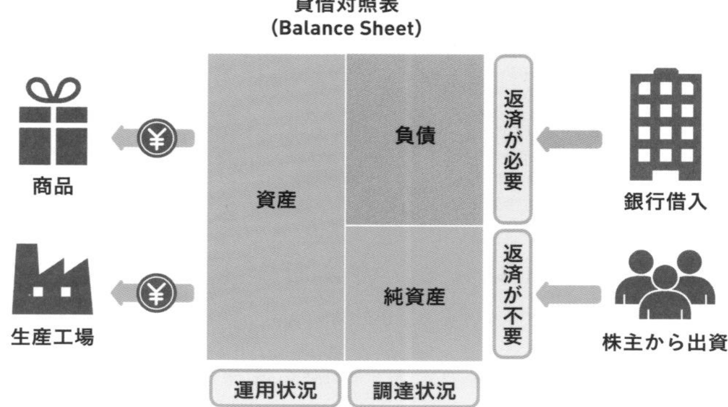

なお、B/Sは一時点における資産及び負債、純資産の状況を表すものなので、見るタイミングが異なれば、もちろん資産の状況や負債の状況、純資産の状況は異なります。基本的には、企業は会計年度の終わりの日（たとえば12月31日）にB/Sを作って、開示することが多いです。

さて、製造された商品について、今度は売るときのことを考えてみます。取引例として、先ほど製造した商品を顧客に売り渡し、対価として現金を受け取ったとします。

●基本的な仕組み

ここで、P/Lを見てみましょう。P/LはB/Sのように一時点の資産等の状況を表すものではなく、1年間の収支を計算するために作成されるものなので、収支が動いた際にP/Lの項目が動くことになると覚えておくと良いでしょう。

●基本的な仕組み

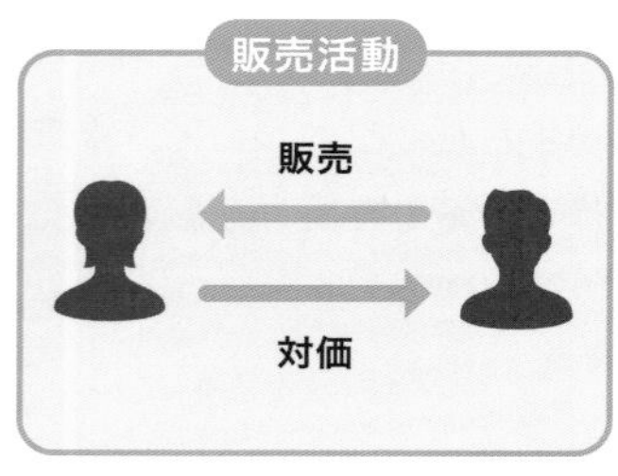

この時、P/Lには受け取った対価が「売上高」として計上され、売り渡した商品の原価が「売上原価」として計上されます。それぞれ、売上高は収益の項目として、売上原価は費用の項目としてP/Lに記載されることになるのです。

●基本的な仕組み

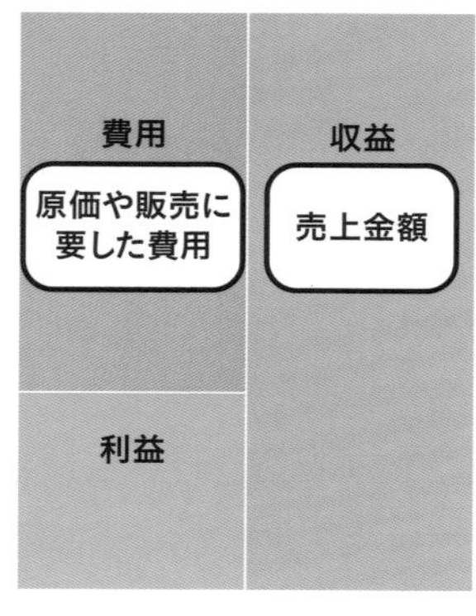

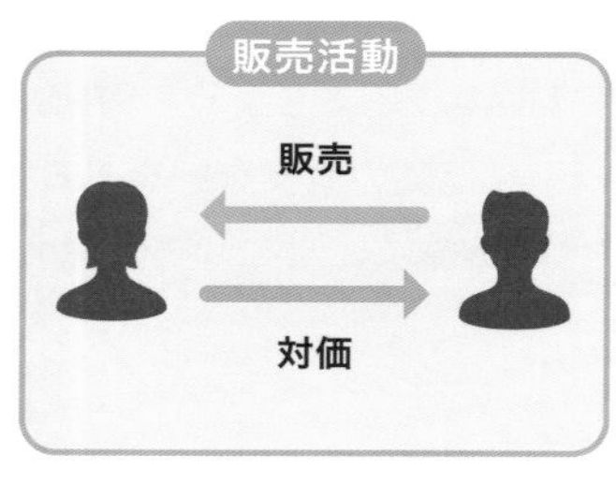

ここで、商品代金である売上高と、商品原価である売上原価には差が生じます。この差が利益または損失となるのです。

基本的な仕組み

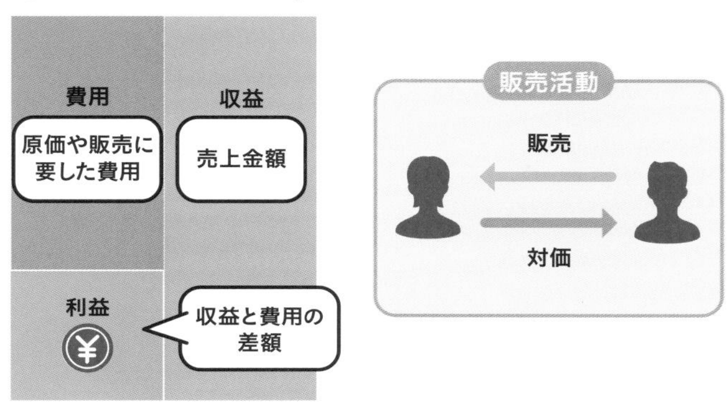

計算された利益は、B/S上の純資産（利益剰余金）として、計上されます。つまり、利益剰余金という項目は、過去の利益または損失の積み重ねによるものなのです。

またこのことからわかるように、利益を出し続けている企業は純資産の金額がかなり大きくなります。

先ほども紹介しましたが、たとえばニトリは32期連続で増収増益を続けているため、純資産の額が非常に大きくなっていたのを覚えているでしょうか。

基本的な仕組み

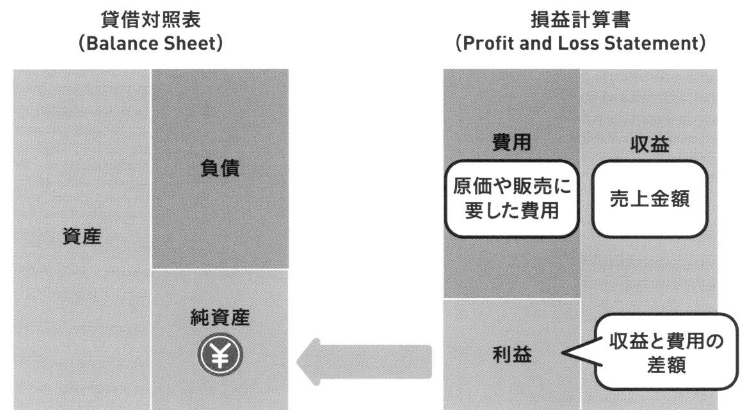

生み出された利益の使い方は企業ごとに異なります。株主に配当することもできますし、さらなる生産工場の増設等の投資に回して、企業の成長を優先していくこともできます。

●基本的な仕組み

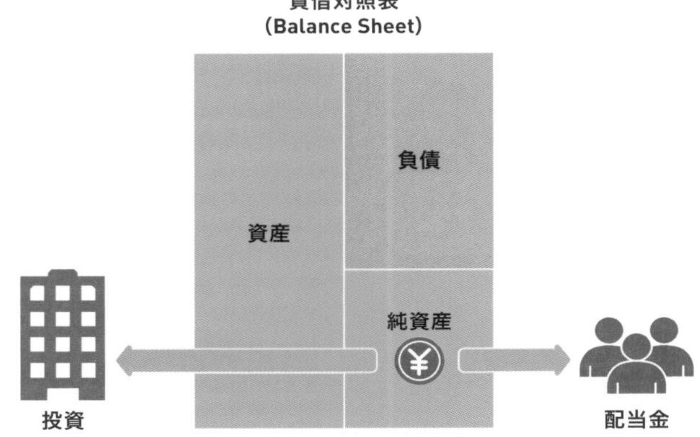

●まとめ

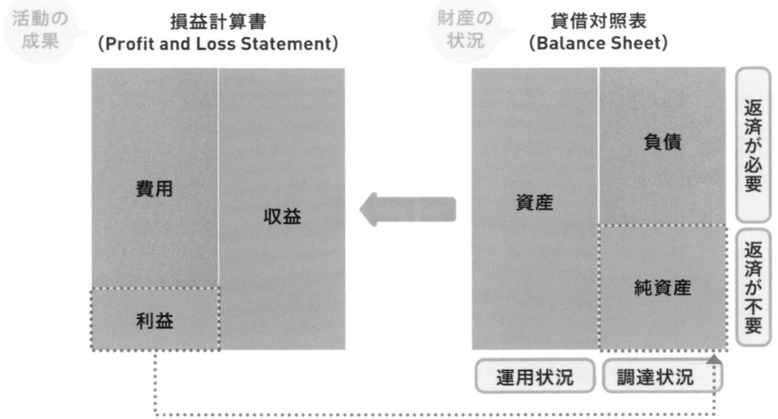

つまり、**B/SとP/Lは利益と純資産という部分でつながっている**ということです。それぞれ単体で見て分析するのはもちろんですが、この2つを同時に見なければ深い分析は難しいのも確かです。

まずは単体でそれぞれを見る→その後にB/SとP/Lを同時に見るというようにすれば、より深い分析ができるのです。

Column 5

ドン・キホーテが24時間営業する理由

昨今のコンビニ業界では、店舗の24時間営業を続けるかどうかが議論されています。深夜に働く従業員の雇用が難しいことや、長時間労働改善の動きなどから、24時間営業を続けるのはハードルが高くなりつつあるのかもしれません。

そんな中、多くの店舗で24時間営業を実施しているのがドン・キホーテです。なぜドン・キホーテは、24時間営業を続けるのでしょうか？

ここで仮説を立ててみてください。「ドン・キホーテが深夜営業を続けるのは、明確なメリットがあるからではないか」と。

そう考えながらドン・キホーテの決算書や説明資料に目を通すと、実際に2017年6月期の決算業績説明資料などにも記載があります。

免税商品を取り扱っているドンキには、よく外国人の方が免税商品を買うため深夜帯に足を運びます（アフターディナーは免税ショッピングのゴールデンタイムというわけです）。

また、説明資料によると免税商品は他の商品に比べて利益率が高く、利益貢献も大きいようです。

つまり、深夜帯も営業することで、ドン・キホーテは利益率を大きく引き上げることができるのです。

加えて、ドン・キホーテの店舗は直営店が中心です。深夜帯の従業員の雇用・配置も、フランチャイズ形式が中心のコンビニに比べれば柔軟に対応できるでしょう。したがって、僕はこの24時間営業はしばらく先も続くと見ています。

みなさんはこの問題をどう考えますか？

Chapter 4

1

【鉄道】
複数事業を展開する企業の稼ぎ頭は？

鉄道業の「お金の稼ぎ方」

ここからは、B/SとP/Lの複合問題を見ていきます。1問目で取り上げるのは、私鉄の「東急電鉄」を核に様々な事業で売上を立てる東急グループです。

今までとは違い、複数のビジネスを行っている企業であるため、それぞれの事業の役割と、それらがどのようにB/SやP/Lに反映されるのかに注目してください。

Q 東急グループで売上高を一番稼いでいる事業部は？

連結貸借対照表

借方	貸方
流動資産	流動負債
固定資産	固定負債
	純資産

セグメント別売上割合

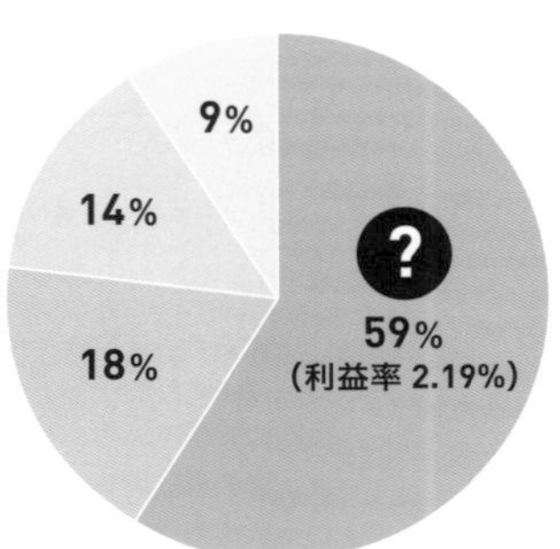

選択肢

① 交通事業
（鉄道・バス・空港運営等）

② 不動産事業
（不動産販売・賃貸・管理等）

③ 生活サービス事業
（小売・広告・映像等）

④ ホテル・リゾート事業
（ホテル・ゴルフ等）

今回の登場企業

●**東急グループ**

「東急電鉄」を核に、不動産事業、交通事業、ホテル・リゾート事業、生活サービス事業（小売等）まで展開。

この問題って、東急グループがどの事業で一番売上を立てているか、ってことですよね？　安直ですけど、鉄道の会社だし、やっぱり①の交通事業じゃないですかね？　たくさんの人が毎日利用するわけですし、必然的に売上高も大きくなりそうだなって。

そうですよね……。ただ、東急って渋谷に行くとすごい規模と数のビルを持っているなぁって感じるんです。たとえば比較的最近できた渋谷ヒカリエとか、SHIBUYA109とか、セルリアンタワーとか……。

固定資産をたくさん持っているし、交通と不動産がメインビジネスなんじゃないの？　とは思うよね。

でも……この問題に関しては、②の不動産事業はあり得ないかな、と思いました。小さく「利益率2％」って書いてあるんですけど、大都会である渋谷の不動産業で、この利益率はちょっとないだろうな、と……。

ほんとだ。確かにそうだ。僕が個人でやってる不動産投資よりもはるかに利益率悪いな。大企業がこんな利益率で不動産や鉄道をやるとは思えないし、多額な資産を投資する事業はそもそも選択肢から外れるかもしれない。

となると、選択肢③か④に絞れそうですね。

③か④なら④のホテル・リゾート事業はないですよね。そもそも東急グループの看板事業ではないですし、ホテルも不動産の延長のようなビジネスなので、利益率2％というのはまずないと思います。

ということは、③の生活サービス事業……!?

確かに小売などはモノを売った値段がそのまま売上高になるので、売上高が大きくなる余地がありますね。この点、投資家さんの利益率の判断とも整合しますし、小売業的な生活サービス事業なのではないでしょうか。

大手町さん、③でお願いします。

正解！　東急グループの売上高の多くを占めているのは、実は③の生活サービス事業なんだ！

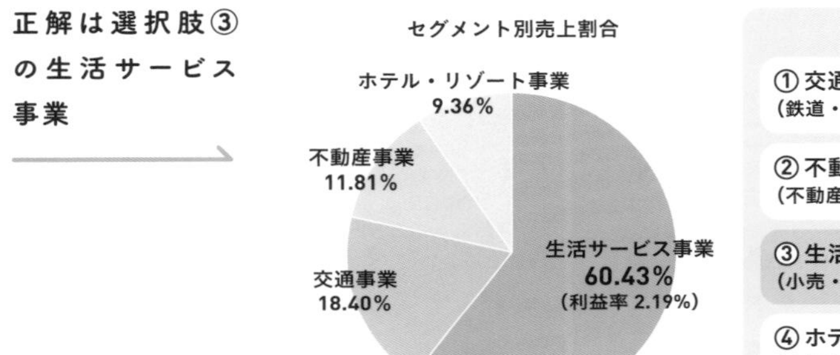

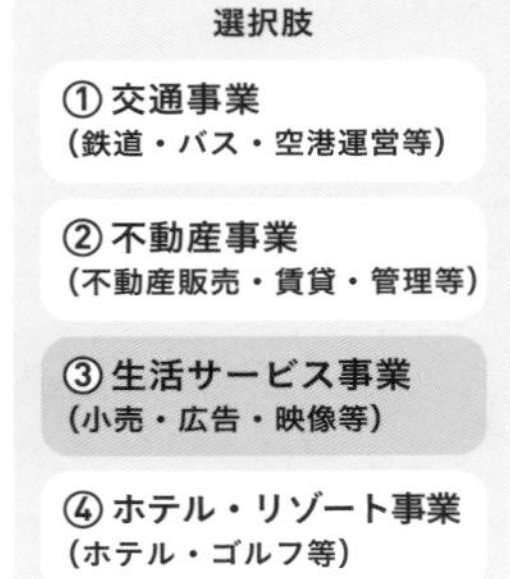

まず、資産の内訳から見てみると、東急グループは交通事業・不動産事業のための資産がかなりの割合を占めていることがわかります。

●資産のセグメント別内訳

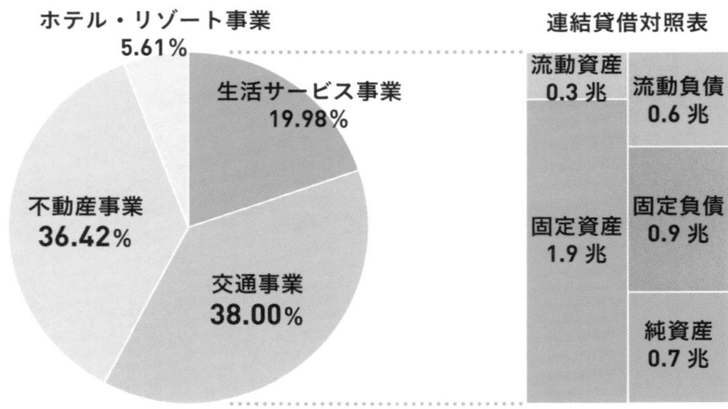

また、同時に利益の内訳の情報を見てみると、資産額に比例して、不動産事業や交通事業が利益に大きく貢献していることもわかります。

●営業利益のセグメント別内訳

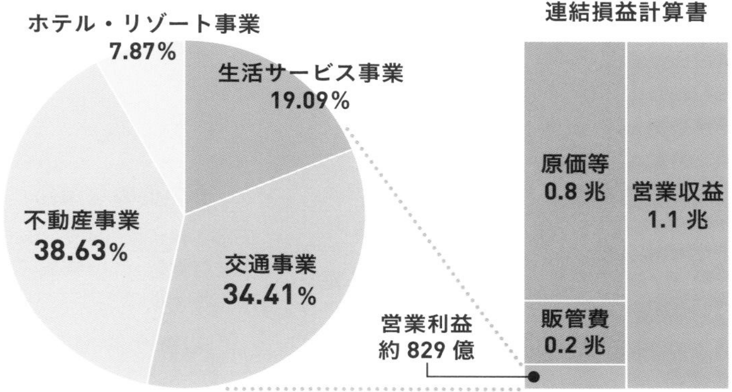

利益率を事業ごとに出すと、交通事業・不動産事業の利益率が高いことがわかるでしょう。

●各セグメントの利益率

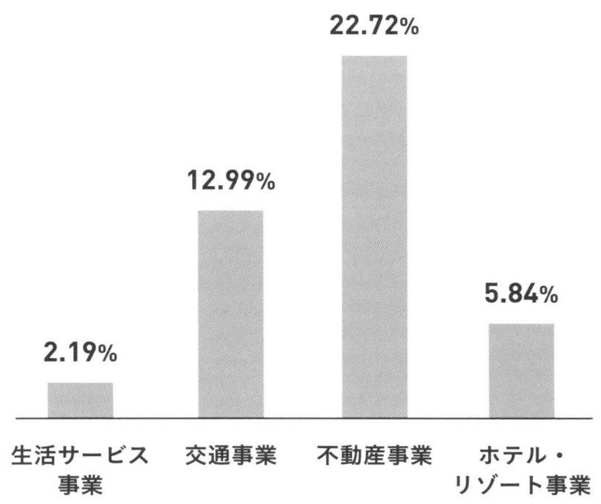

実は鉄道会社の基本戦略は、利益率の高い交通事業・不動産事業で利益を上げることにあります。ただし、これを実現するためには、鉄道と不動産の利用者を増やす必要があるのです。

東急グループでは、小売業などを通じて鉄道沿線の開発投資を行うことで、鉄道や不動産の利用者を増やし、結果的に利益率の高い交通事業・不動産事業で大きく利益を上げられるというビジネスモデルになっているのです。

●交通事業以外への多角化

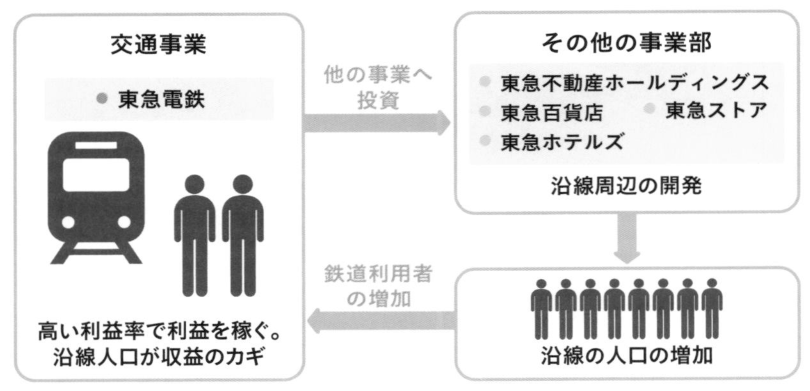

この問題は、間違える方も多いものの1つで、多くの人が売上高の大きさを不動産→交通→生活サービス→ホテル・リゾート事業の順だと答えます。今回は「利益率の低さ」に着目して正解を導き出したわけですが、多額の設備投資が必要な企業は、投下資本に対する利益率が一定程度確保されないと厳しい（そもそも投資を行わない）というのは、消費者として生活しているだけでは見えてこない視点でしょう。

交通・不動産事業は、基本的にインフラサービスのため、安定的に利用されます。全体から見れば売上は小さいですが、収入が安定し利益率のよい（利益が出やすい）モデルになっています。不動産はテナントなどで月額賃貸料を受け取るビジネスですが、お金を受け取るのは月に1回ですし、物件の数×テナント収入が月の売上になるため、大きな売上高にすることは難しいのです。

一方の小売業は、利益は小さくても、商品単価×購入数で売ったお金がそのまま計上されるため、売上高は大きくなりやすいというわけです。

Column 6

会計クイズのコミュニティに参加してみる

「会計クイズは1人で解くよりも、周りの人と意見を出し合いながら解くことで理解が深まる」ものです。

Twitterはその議論をオンライン上で行いますが、会計クイズは定期的に、**オフラインでのイベント**も開催しています。

テーブルごとにチームを作り、チーム単位で回答する形式になっていて、参加者には学生の方から経験豊富な社会人や投資家などたくさんの方がいらっしゃるので、会計を通じて様々な人と交流することもできます。

イベント情報は公式LINEから発信しておりますので、ご興味がありましたら、ぜひご登録の上、気軽に参加していただければ嬉しく思います。

また、より密に・濃い分析をしたい人のために、ファイナンスラボというクローズドなコミュニティでも毎週会計クイズを出題しています。こちらでは月ごとにテーマを決め（例：アパレル業界、SaaS業界など）、その業界に関する体系的知識を習得できるように問題・解説を発信しています。また、メンバー向けに月1回オフラインでの勉強会イベントも開催しており、オンライン配信も行っているため、地方や海外からもたくさんの方に参加いただいています。

メンバー同士で会計クイズを出し合ったり、企業分析の記事に関してコメントをもらったりと、参加者全員にとって「楽しく会計が学べる場所」となっています。

この本を通じて、「会計クイズにより興味が湧いた！」という方は、ぜひファイナンスラボにも参加してみていただければと思います。

▼ファイナンスラボ
https://community.camp-fire.jp/projects/view/118931

Chapter 4

2

【小売】多角化のビジネスモデルを見抜け

グループ全体で利益を上げる仕組みとは

2問目で取り上げるのは、日本最大級の多角化企業、イオングループです。

多角化のビジネスモデルを採用する企業における、それぞれの事業の役割を見極めるというのが今回のポイントです。

企業がどこで稼いでいるか、グループ全体で利益を上げる仕組みはどうなっているのかを考えて問題に挑んでみてください。

では、見ていきましょう！

Q イオングループで営業利益を一番稼いでいる事業は？

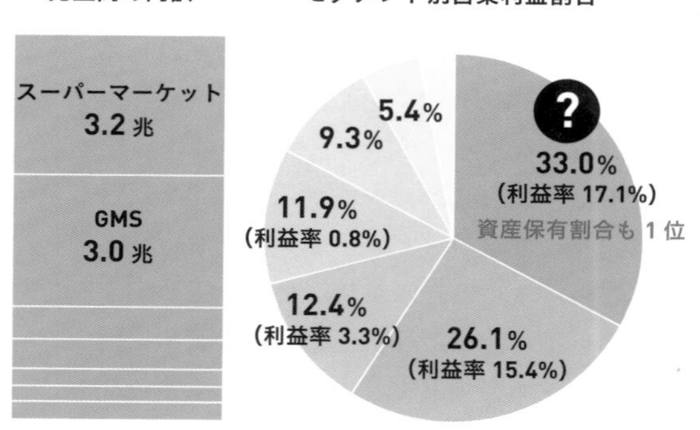

選択肢

① スーパーマーケット（コンビニ、ディスカウントストア）

② GMS（総合スーパー、惣菜専門店）

③ 総合金融（クレジット、銀行）

④ 不動産（ショッピングセンター開発賃貸）

今回の登場企業

●イオングループ

スーパーマーケット、GMS、総合金融、不動産などを展開し、小売事業の売上は 6 兆円以上を誇る、日本最大級の多角化企業。

先ほどの東急グループで、小売業は基本的に利益率が低くなりやすい点に触れていたので、今回①のスーパーマーケットや②のGMSは外れるのではないかなと思います。

利益率17.1%とありますしね。

③の総合金融か、④の不動産が選択肢になるでしょうか。

そうだね。でもちょっと決め手に欠けるかなぁ。

ちなみに、今回問題にしている事業は、**資産保有割合も1位**だよ〜。

あっ、ほんとだ。

だとしたら④の不動産じゃないでしょうか。かなり多額の資産が計上される気がします。

確かに日本全国に巨大なショッピングモールがありますもんね。

大手町さん、答えは④の不動産です。

残念！　正解は③の総合金融だよ！

正解は③総合金融

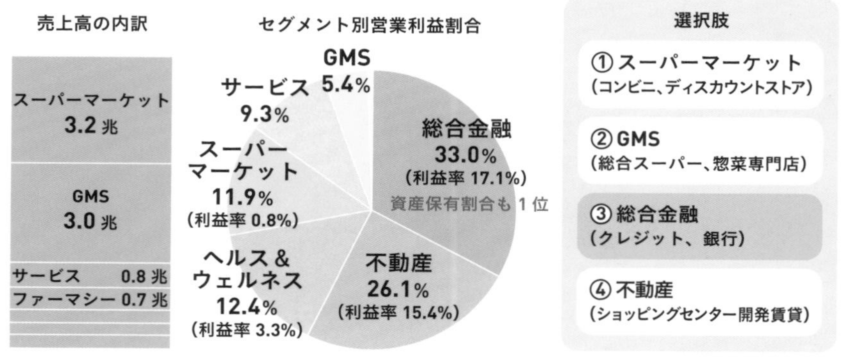

先ほどの東急グループで、不動産事業の利益率が高いことを紹介しましたが、イオングループはそれを凌ぐ高さで、総合金融により大きな営業利益を上げています。

では、いったん利益のことは忘れ、まずセグメント別の売上高から見てみましょう。「小売業の売上高は大きくなりやすい」という東急グループの時の話と同様、イオングループにおいても、看板事業であるコンビニやスーパーマーケット等で6.2兆円稼いでいるのがわかります。ちょっとした国家予算並みの売上高です。

セグメント別の売上高

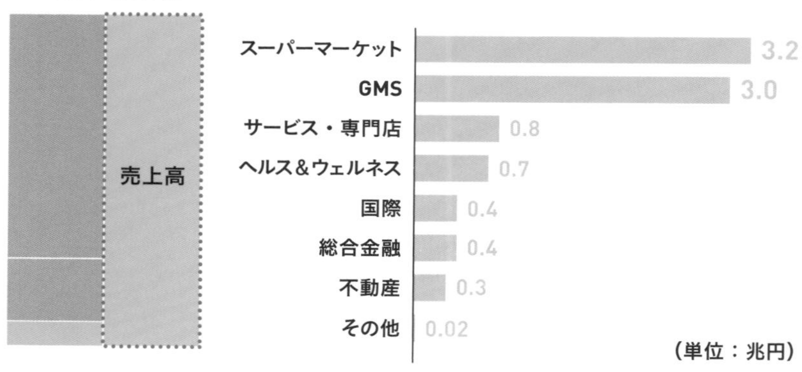

今度は利益率を見てみましょう。セグメント別の営業利益に目をやると、営業利益では小売ではなく、金融や不動産で大きく利益を上げていることがわかります。

各セグメントの利益率

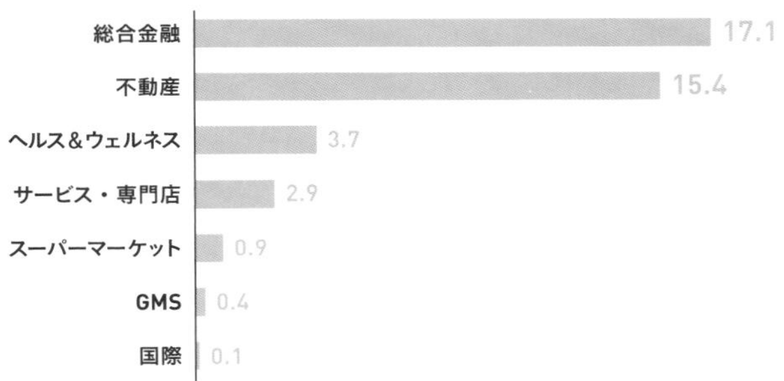

多角化企業であるイオンのビジネスモデルは、このようになっています。

イオンのビジネスモデル

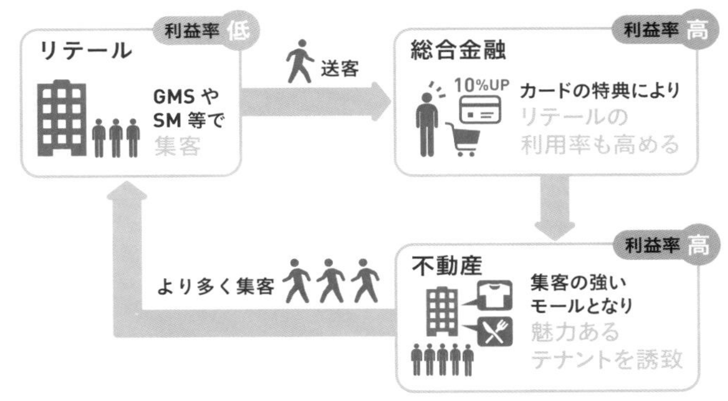

まず、集客力の高いリテールで顧客を集めます。イオンでいうと、スーパーマーケットやGMSですね。顧客にとってリテールはよく利用するもので、価値も高くなります。

ここに、イオンの金融や不動産を利用すればリテールが安くなるという施策を打つことで、リテール経由で金融・不動産の利用者が増えます。

そうすることで、利益率の高い金融・不動産へ送客し、グループ全体で稼ぎを最大化することができるのです。

また、こういった戦略を取っている企業の場合、顧客が金融・不動産に流れる動機づけをするために、「入会したら5％割引」のように、リテールでの割引を提示することがあります。そのため、リテールの利益率は低下する傾向にあるのです。

ちなみに、金融のB/Sはかなり大きくなる傾向にあります。お金を回して利益を得るモデルなので、多額のお金が必要になり、結果としてB/Sが大きくなるのです。

【EC】 B/SとP/Lの大きさを比較せよ

B/SとP/Lを一緒に見てこそ見えることがある？

今までは、B/SはB/S単体で、P/LならP/L単体で見てきました。もちろん単体で分析することも重要ですが、この 2 つの大きさを比較するということも、各企業のビジネスモデルを理解する上で非常に重要です。

今回のポイントはまさにここで、B/SとP/Lの比較問題に挑戦してみていただきたいと思います。登場するのは、誰もが知る大手ECの 2 社、楽天とアマゾンです。

それでは見ていきましょう！

Q 楽天の財務データはどちらでしょう？

楽天の財務データはどちらでしょう？

①

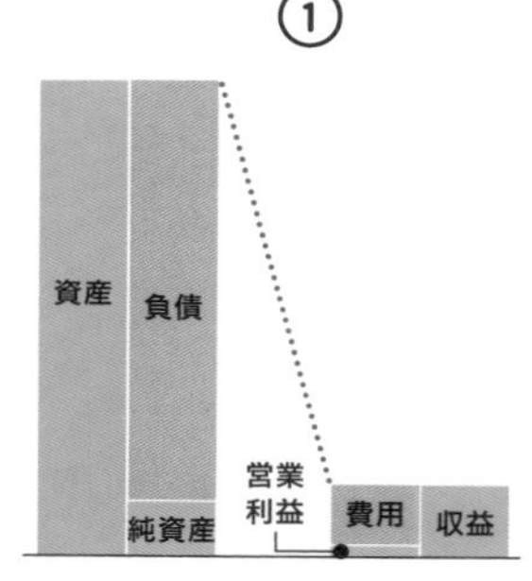

②

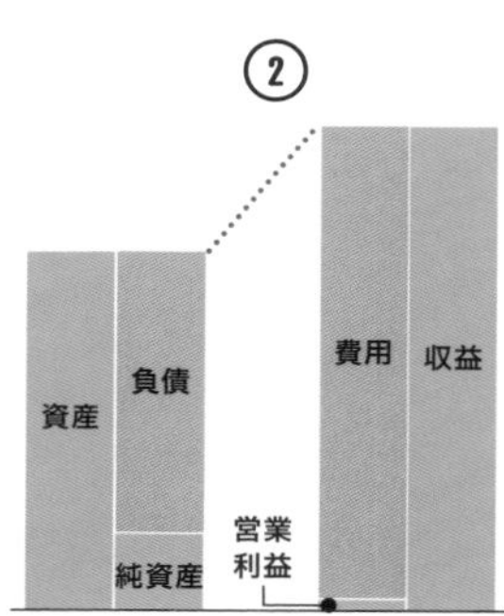

今回の登場企業

●楽天

日本最大級のECサイト「楽天市場」を運営。また、楽天カードや楽天銀行、楽天モバイル、楽天証券など、「楽天」の名を冠した各種サービスを多岐に渡り提供。自社で商品を仕入れるのではなく、楽天市場に出店する各店が商品の仕入れから発送までを各自で行う。

●アマゾン

世界中に展開するECサイト「Amazon」を運営。顧客至上主義で利便性を高めることで急成長。主として自社で在庫を仕入れ、自社で発送を行う。Amazon Primeにより優先発送の利用提供や音楽や映画などのサブスクリプションも提供するなど、顧客の囲い込みも行う。

〈事前情報〉

この2社はどちらも大手ECサイトで、利用者からすれば似たような企業だと思われがちなんだけど、ビジネスモデルに大きな違いがあるから、それを先に伝えておくね。

●アマゾンのビジネスモデル

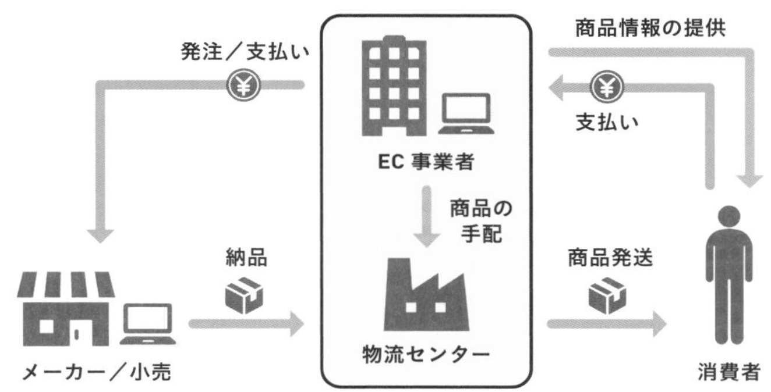

まずアマゾン。アマゾンは自社で倉庫を保有していて、メーカーなどから商品を仕入れて、それを消費者に直接発送している。

●楽天のビジネスモデル

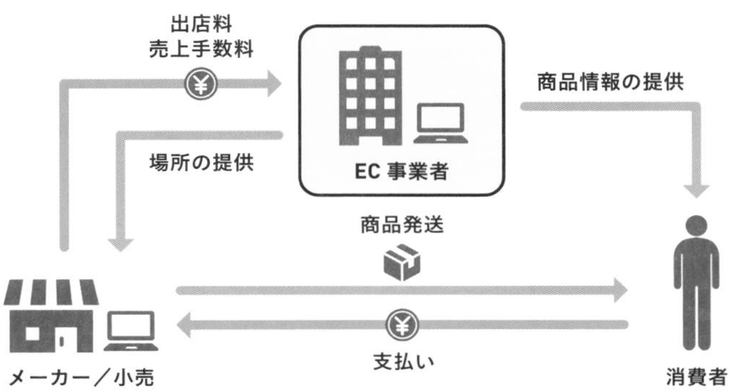

続いて楽天。楽天はアマゾンとは違って、「楽天市場」というECサイト上に仮想のモールを作り、小売業者に出品する場所を提供しているんだ。つまり自社で商品を持たず、出品者から手数料をもらうことで売上を立

てているということだね。
もちろんアマゾンには「マーケットプレイス」といって、商品を業者が直接アマゾン上に出品して、商品発送もその業者が行うという楽天のような出品形態もある。
また、楽天も楽天で、「楽天24」などのように、楽天が商品を保有して、消費者に直接発送するという場合もある。ただ、それらは全体から見ると小さなものだから、この問題に関してはあくまでメインのビジネスモデルで考えれば大丈夫だ。

よくわかりました。アマゾンについては、倉庫を持つってことは資産が大きくなりそうだな、と思いました。なので、①じゃないかなって。

楽天はネット上にモールをつくってるってことは、でかい資産は必要なさそうだね。商品もほぼ自社で保有してるわけじゃないし。

①がアマゾンで、②が楽天じゃないかって感じですかね？　ちなみにアマゾンと楽天だと、どっちが売上が上がりやすいんでしょう。

うーん……。倉庫運営型のアマゾンは商品を仕入れていて、モール型の楽天の場合は商品を仕入れておらず、手数料収入ということですよね。楽天の方が利益率は高いでしょうが、売上は立ちにくいように思います。

ここまでで小売は売上高が大きくなりやすいという話がよく出てきましたが、アマゾンも同じように、100円の商品を売ったら100円の売上になるわけですよね。だからP/Lの方が大きくなりそうです。一方の楽天は、たとえば手数料5％だった場合、100円の商品が売れても売上は5円にしかならないということですよね。

そうだね。損益計算書が大きくなりやすいのはアマゾンだ。ただ、もし①がアマゾンだったら売上が立ちやすいのにこんなにB/SとP/Lで差が出るかな。

確かに、資産が大きすぎるような気がしますね……。

資産が大きい……？　あ。
楽天って確か、金融業もやってませんでしたっけ？　楽天銀行とか、楽天証券とか。

そうでした！　「金融はたくさんの資産が必要だ」「B/Sが大きくなりやすい」と、イオングループの解説の時に聞きましたね。

ということは、金融を持っているからこそB/Sが大きく、手数料ビジネスのためにP/Lが小さい①が楽天だ。

正解～！　①が楽天でした！

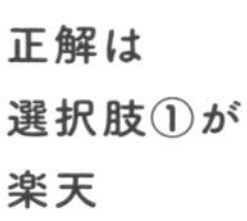

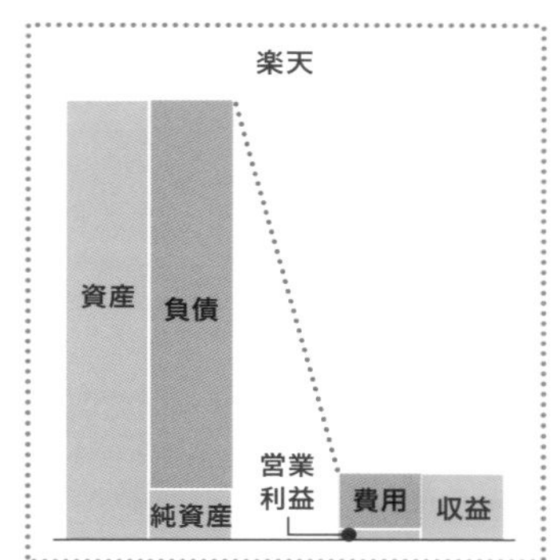

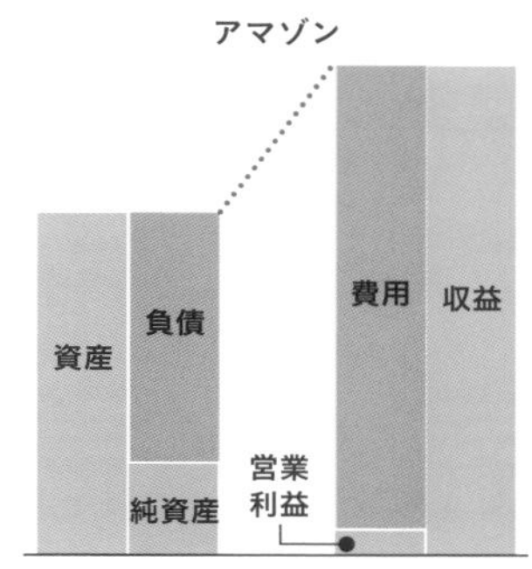

最初に紹介した通り、この2社にはそもそもビジネスモデルの違いがありました。

アマゾンは「倉庫運営型」といって、自社で商品を仕入れて、自分たちのプラットフォームから顧客に販売するというモデルを取っています。

●アマゾンのビジネスモデル：倉庫運営型

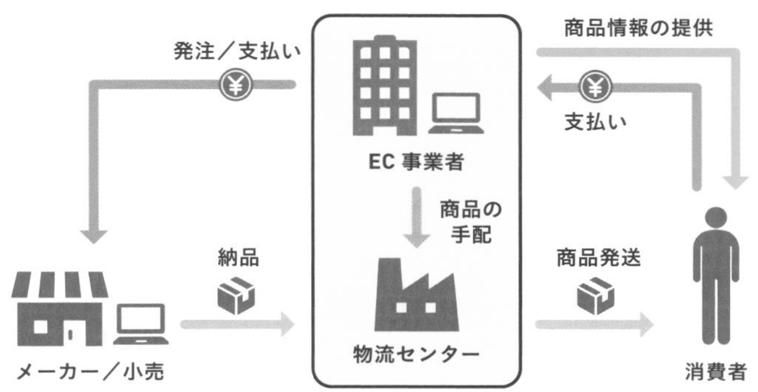

対する楽天は「モール型」といって、場所の提供のみで、メーカーからモールへの出店料を徴収するというビジネスモデルになっています。

実際の商品発送と支払いに関するやり取りは、基本的にメーカーと消費者間で行われます。

●楽天のビジネスモデル：モール型

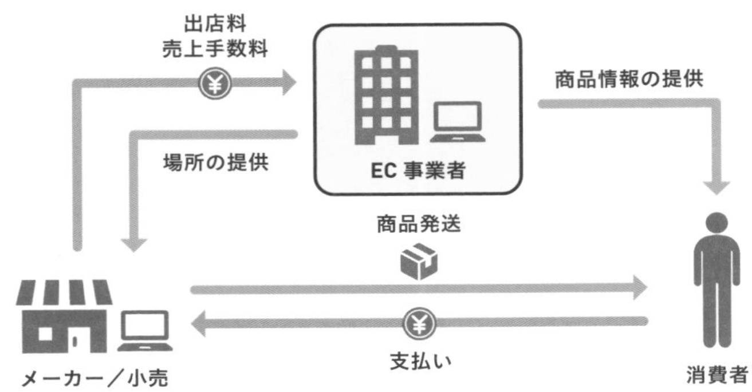

倉庫運営型の方が資産額が大きくなると思われがちなのですが、先ほど参加者コメントにもあったように、銀行や証券といった金融業を行っているのは楽天のみです。

B/Sのほとんどは金融のための資産・負債が占めるため、楽天のB/Sの資産額の方が大きくなるのです。

●連結貸借対照表の事業比較（楽天）

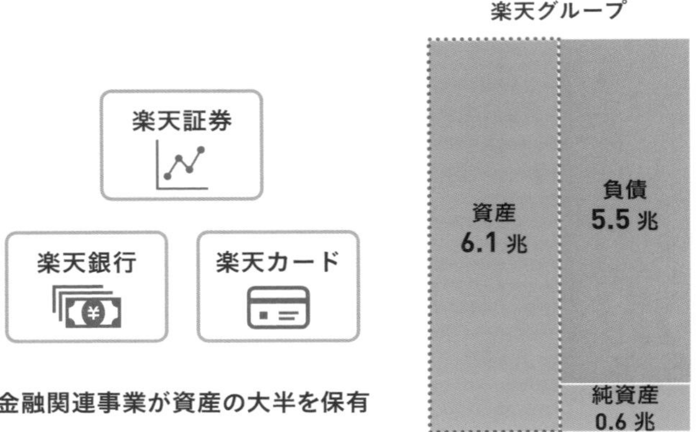

売上高に計上される金額の違いでいうと、プラットフォーム型は、プラットフォーム上で取引された価格の手数料がメインのため、利益率は高くなりますが、売上高は大きくなりにくいという特徴があります。

一方、倉庫運営型は商品販売収入がメインになるため、利益率は低くなるものの、売上高は大きくなりやすいという特徴があるのです。

●売上高に計上される金額の違い

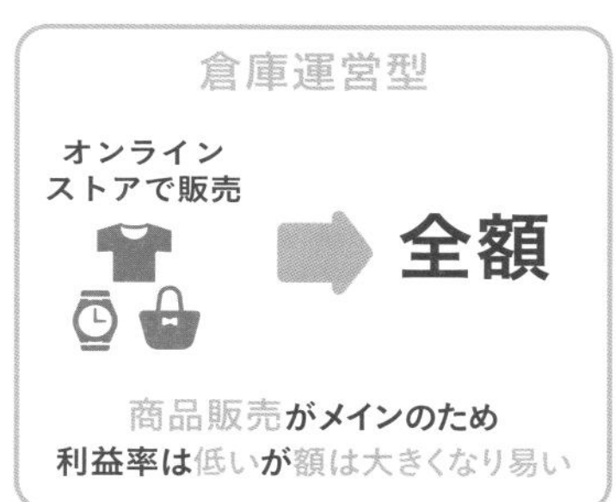

アマゾンの売上の半分はオンラインストアでの販売が占めているため、売上高が大きくなります。

●アマゾンの財務諸表

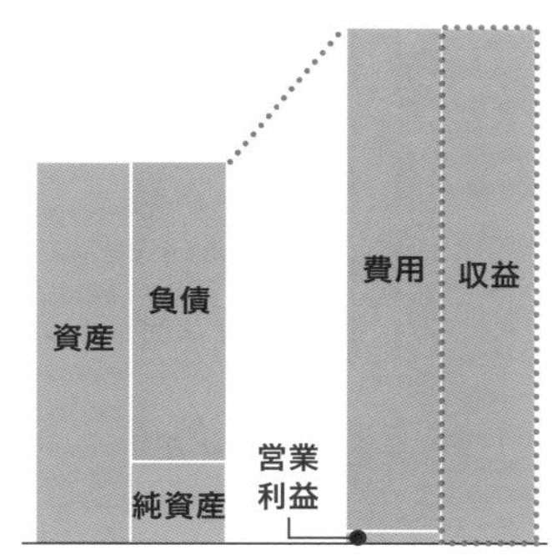

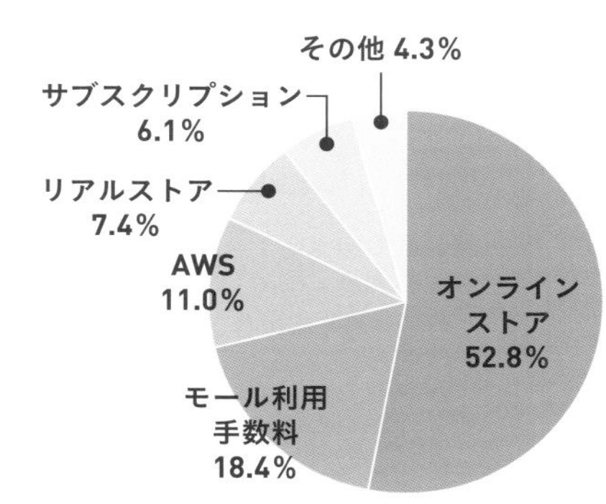

売上の大半はオンラインストア

アマゾンのB/Sを詳しく見てみると、やはり倉庫があるため、有形固定資産が多く計上されています。

アマゾンの有形固定資産

	December 31, 2017	December 31, 2018
Gross property and equipment(1):		
Land and buildings	$ 23,896	$ 31,741
Equipment	42,244	54,591
Other assets	2,438	2,577
Construction in progress	4,078	6,861
Gross property and equipment	72,656	95,770
Total accumulated depreciation and amortization(1)	23,790	33,973
Total property and equipment, net	$ 48,866	$ 61,797

617 億ドルを超える有形固定資産が特徴
土地、建物と装置が大半を占める

連結貸借対照表

資産	負債・純資産
現金預金等	仕入債務
売上債権	その他流動負債
棚卸資産	
その他流動資産	長期有利子負債
有形固定資産	その他固定負債
その他固定資産	純資産

モール型の方が利益率が高くなるため、モール型の方が優れたビジネスモデルに見えます。にもかかわらず、なぜアマゾンは倉庫運営型を採用するのでしょうか。

アマゾンが倉庫運営型を行っている理由は、**モール型の弱点**にあります。

モール型の弱点

物流品質にバラつき

翌日配送　配送１カ月

配送等の物流を
それぞれ店舗ごとに
任せており品質が不安定

規模のメリットがない

それぞれの店舗が個別に
メーカーから仕入れるため
規模の経済が働かない

利用者の利便性

複数店舗をまたいだ場合
配送が複数に分けられる
など不便が生じる

長期的に見たときに倉庫型に負けてしまう要素が多数存在

- **物流品質にバラつきがでる**

それぞれの出店者に物流などを任せるため、品質が不安定になる。

- **規模のメリットがない**

大量仕入れによる値引きなどを使えない。

・利用者の利便性が悪くなる

複数のお店から一気に購入した場合、それぞれのお店から配送料を請求されてしまい、配送料が高くなるといった不便が生じる。

こういったユーザー視点の理由から、倉庫運営型が優位ではないかと近年いわれています。

そしてアマゾンは倉庫運営型をより強化するため、年間1兆円ものペースで投資を行っているのです。1兆円がどの程度の規模かというと、物流網を有しているヤマトHD、空輸を有しているJALの有形固定資産を1年でまかなえてしまう規模の金額です。この多額の投資によって倉庫や物流を整備し、継続的に力をつけているのです。

●アマゾンの有形固定資産への投資

ヤマトHD：有形固定資産内訳

（単位：百万円）

固定資産		
有形固定資産		
建物及び構築物	336,986	352,141
減価償却累計額	△198,538	△204,191
建物及び構築物（純額）	138,447	147,950
機械及び装置	65,522	70,201
減価償却累計額	△43,686	△47,619
機械及び装置（純額）	21,835	22,582
車両運搬具	197,587	208,031
減価償却累計額	△180,329	△183,835
車両運搬具（純額）	17,257	24,195
土地	174,959	175,995
リース資産	15,669	31,537
減価償却累計額	△9,074	△9,531
リース資産（純額）	6,595	22,006
建設仮勘定	16,200	8,391
その他	91,421	89,347
減価償却累計額	△61,660	△61,551
その他（純額）	29,760	27,796
有形固定資産合計	405,057	428,918

ヤマトHD（宅急便）の有形固定資産は 約0.5兆円

JAL：有形固定資産内訳

（単位：百万円）

固定資産		
有形固定資産		
建物及び構築物（純額）	32,247	31,385
機械装置及び運搬具（純額）	10,718	11,800
航空機（純額）	※4 704,134	※4 733,961
土地	864	861
建設仮勘定	123,902	141,776
その他（純額）	8,898	9,431
有形固定資産合計	※1 880,765	※1 929,216

JAL（空輸）の有形固定資産は 約1兆円

一年間でヤマトHDやJALの保有する有形固定資産規模の投資をしている

また、倉庫運営型のもう1つの強みとして、タイムセールなどを用い、プラットフォーム全体で購買意欲を高める仕組みが構築されています。

●プラットフォーム一体で購買意欲を刺激

特選タイムセール

数量限定セール

イベントセール

滞留している商品を各種セールを利用し捌く手法を用意
その結果在庫の回転期間の短縮に貢献

ちなみに、アマゾンは「アマゾンのECサイトで販売している商品ページの滞在時間などから『そのユーザーがその商品を購入する可能性が高いか』を判断し、もし購入する可能性が高いのならユーザーの近くの配送センターまで事前に配送し、配送までの時間を短縮する」というすさまじい特許も有しています。アマゾンはこれらの積み重ねで、この短い回転率を実現しているのです。

●消費者の注文前に発送する特許

アマゾンは2013年12月「予期的な配送」で特許を取得した。
これは顧客が「購入」をクリックする前でさえ
品物を配送し始める手法

結果、配送時間を短縮できるとともに
消費者が店舗に出向いて購入する動機も減る

Column 7

日常で見かけるコーヒーの微妙な違い

～会計視点を身につけると世界の見方が変わる～

決算書を読めるようになると、身近なモノやサービスなどに対しての見る視点が変わってきます。どのように変わるか、テイクアウトのコーヒーを例にして考えてみます。

今までのコーヒーはカフェやコーヒー専門店などで飲むことが普通でしたが、コンビニで質の高いコーヒーを安く提供する戦略が行われてからは市場の構造が大きく変化しました。

皆さんはセブンカフェをご存知でしょうか。セブンカフェとは、セブン-イレブンで100円からおいしいコーヒーを購入できるサービスで、今では年間約10億杯以上飲まれているそうです。

カフェの代表格ともいえるスターバックスとセブンカフェの違いは何だろうか、と考えます。

「コーヒー豆の原価が違う」「店舗の広さが違う」などはもちろんですが、たとえば僕はこの2社のホットコーヒーの間に、「スリーブ（段ボール製の断熱材）の有無」という違いがある点に着目しました。

セブンカフェのイメージ

スターバックスのイメージ

スターバックスではホットコーヒーをテイクアウトする際の紙コップにスリーブが付属しており、手持ちでも熱さを感じにくく、コーヒーが飲みやすくなっています。

一方、セブンカフェにはこうしたスリーブが付属しません（ただし、セブンカフェは紙コップ側面にボコボコと凹凸の厚みがある断熱性の紙コップを採用しており、そのおかげでスリーブなしでも熱さを感じにくくする工夫がされています）。

もし、このスリーブの原価が大きくかかるものであるならば、ここには財務数値への大きなインパクトがあるはずです。そこで、実際にこの断熱材の値段を調べてみました。

企業が使用する断熱材は卸売価格なので、より安くはなるはずですが、参考としてアマゾンで調べると、断熱材は100枚660円程度で売られていました。１枚あたり6.6円ほどです。
仮に、年間消費量のうち半分がホットコーヒーだとすると、５億杯×6.6円＝33億円の原価増が見込まれます。
思ったよりも大きい金額が動きますね。

このように、会計視点が身につくと日々の何気ない気づきが会社の決算数値へのインパクトを考えるきっかけになります。
身近に気になるものを見つけたら、ぜひ会計視点から調べてみてください。

Column 8

会計クイズを作ってみよう

ここまでお読みいただきありがとうございました。会計クイズを通じて、会計とビジネスを結びつける面白さを少しでも体感していただけたでしょうか。

会計に興味を持たれた方の中には、「この本で登場していない企業の決算書も読んでみたい！」という方はもちろん、「自分でも会計クイズを作ってみたい」という方が少なからずいらっしゃるのではないかと思います。

実際に決算書を読んだり、会計クイズを作ったりすることで、企業を見る視点がより経営者に近いものになっていきますし、より決算書を読む力がつくはずです。

ぜひ、作り方を参考にしながら、あなただけの会計クイズを作ってみてください！

STEP 1　企業の探し方編

まずは、企業の財務諸表にアクセスするところから始めます。様々な方法がありますが、特におすすめできる2つをご紹介します。どちらの方法でも、企業の財務データが掲載されている有価証券報告書にアクセスすることができます。

① EDINET

金融庁が運用している企業のIR情報データベースで、有価証券報告書を開示する義務のある、全企業の有価証券報告書が掲載されています。
（URL：http://disclosure.edinet-fsa.go.jp/）

② バフェット・コード

効率的な企業分析を実現する分析ツールです。銘柄検索やスクリーニング、株主検索、有価証券報告書のチェックが可能です。会員登録は不要ですぐに使えます。
（URL：https://www.buffett-code.com/）

＜参考：有価証券報告書の読み方＞

有価証券報告書は、「第一部 企業情報」「第二部 提出会社の保証会社等の状況」「監査報告書」の3つで構成されています。

有価証券報告書を読む時は、「第一部 企業情報」という部分を中心に見ていきます。

「第一部 企業情報」は大きく7つの章で構成されています。

①企業の概況　　：主要な財務数値や事業の内容など、概要情報が記載されています。
②事業の状況　　：企業の事業に関する情報が詳しく書かれています。
③設備の状況　　：企業の設備に関する情報が詳しく書かれています。
④提出会社の状況：企業の株主や役員などに関する情報が詳しく書かれています。
⑤経理の状況　　：企業の決算書が記載されています。
⑥提出会社の株式事務の概要：配当の基準日や株主優待の情報等が記載されています。
⑦提出会社の参考情報：企業に関する参考情報が記載されています。

決算書を読みたい！　という方は、まず「⑤経理の状況」という章を探してみるといいでしょう。この本で学んできたB/SやP/L、C/Sなどが記載されています。「②事業の状況」なども一緒に読んでいくと、企業に関する理解がより深まるので、こちらも読むことを心がけてみてください。

STEP 2　会計クイズ作成編

決算書から数字データを入手したら、実際に会計クイズを作ってみましょう！　今回はエクセルを使った会計クイズの作り方をご紹介します。
(以降の画像は2020年３月時点での最新版のエクセルを使用しています。この他のバージョンの場合は操作手順が異なる場合があることをご了承ください)

① Excelに決算書のデータを入力する

下記のように、Excelに項目名、数字を並べます。

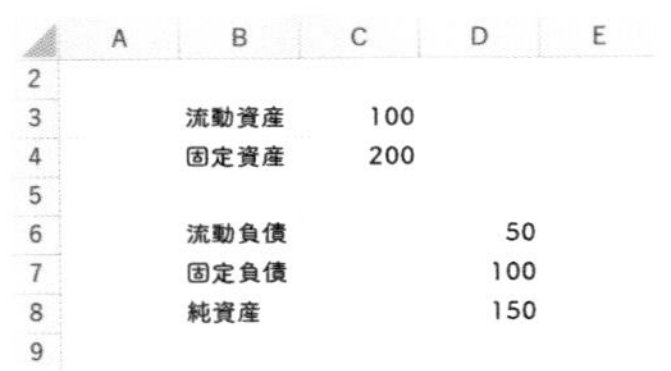

	A	B	C	D	E
2					
3		流動資産	100		
4		固定資産	200		
5					
6		流動負債		50	
7		固定負債		100	
8		純資産		150	
9					

② データをグラフ化する

入力したデータを全て範囲指定（上記画像の場合、B3～D8までを範囲指定）し、「挿入」タブの「グラフ」から100%積み上げ棒グラフを選択します。

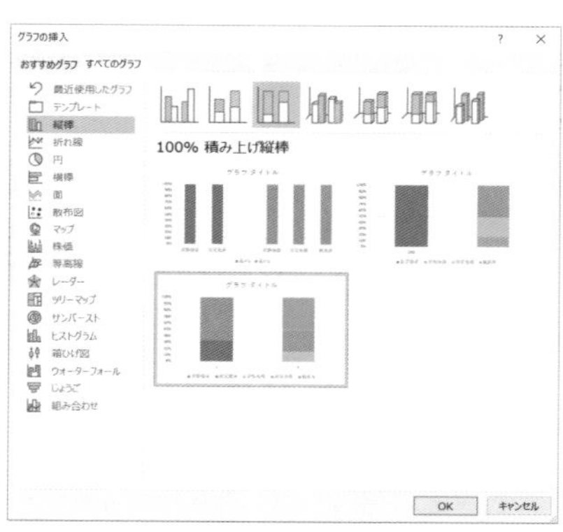

グラフがうまく表示されない場合は、グラフを選択し、「デザイン」タブから「行／列の切り替え」を押してみてください。

③ グラフの見た目を整える

作成されたグラフの棒を右クリックし、「データ系列の書式設定」を押します。

系列オプション内の「要素の間隔」を0%に変更します。

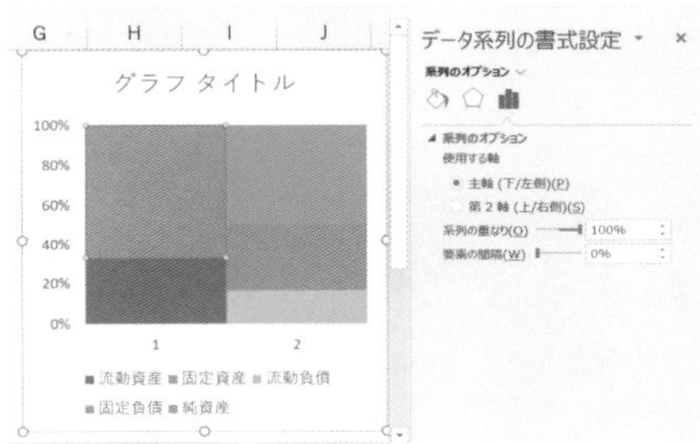

ここまでで、だいぶ既視感のある図に近づきました。

④ グラフ内に数字を表示させる

作成したグラフを選択し、「デザイン」タブから、「グラフ要素を追加」を押し、「データラベル」から「中央」を選択します。

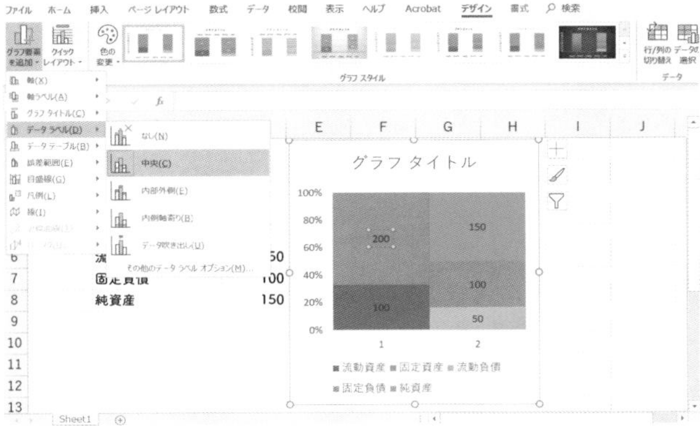

⑤ グラフ内に項目名を表示させる

作成したグラフ内に表示されている数字を右クリックし、「データラベルの書式設定」を押します。

ラベルオプション内の「系列名」にチェックを入れると、流動資産などの項目名が表示されます。

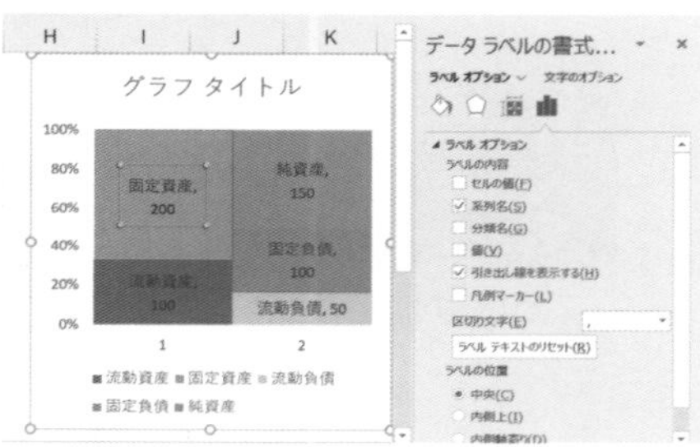

⑥ データの順番を入れ替える

作成したグラフを選択し、「デザイン」タブから「データの選択」を押し、各項目の順番を入れ替えます。

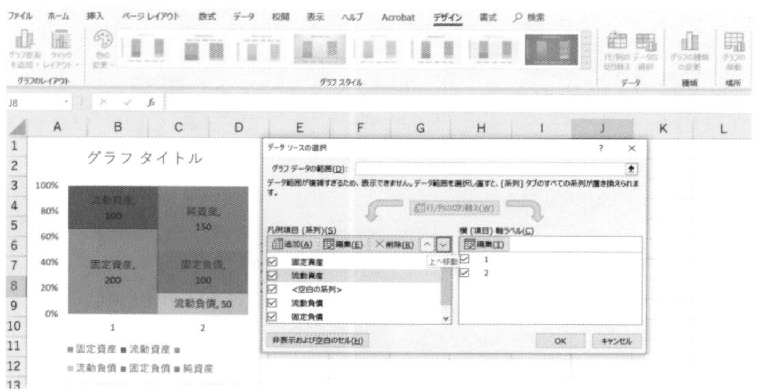

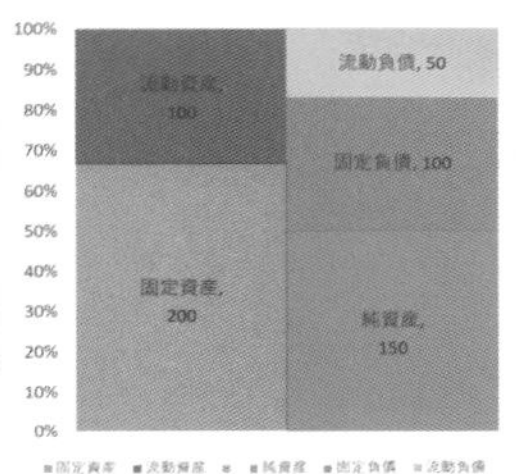

これで会計クイズ用のグラフが完成しました。

同様の手順で、比較対象となる複数企業のグラフを作成し、並べて問題にすれば会計クイズのできあがりです。

STEP 3　会計クイズ発信編

ここまでできたら、ぜひご自身の作った会計クイズを友人や同僚、家族などに出題してみてください。

会計クイズを出題することで、解答者から「自分にはなかった視点」や、その企業をより深く知るきっかけをたくさん得ることができるはずです。

SNSなどで会計クイズを出題する

TwitterやInstagramでは画像のアップロード機能や投票機能がありますので、これらを活用して、簡単にクイズを出題することができます。

また、会計クイズのファンコミュニティ「ファイナンスラボ」では、コミュニティメンバーが定期的に自身で作成した問題を出題したり、他の人の作成した問題を解いたりしながら、白熱した議論が行われています。

ぜひオリジナルの問題をたくさんの人に出題してみてください！

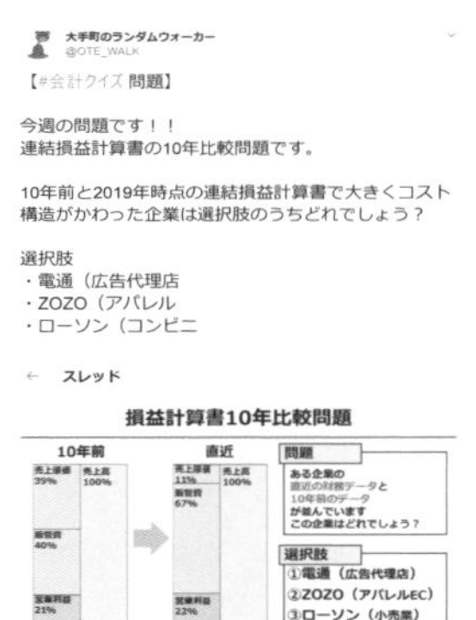

まとめ

出題方法はこの他にも様々な形がありますが、ぜひやりやすい方法で出題してみてください。

決算書を読む技術を磨くには、「とにかく量をこなす」ことが一番重要です。しかし、最初から決算書を１人で読み続けるのはハードルが高いでしょう。苦行になってしまうかもしれません。

会計クイズは「クイズ形式」なので、周りと一緒に楽しむことができます。決算書を読む過程で企業の戦略がどんどん理解できるようになり、決算書を読むことが楽しくなっていくはずです。

僕は、会計というツールを使い倒して、ビジネスの本質に迫るこの活動が楽しくてたまりません。だからこそ、新しい問題や新しい見方に触れられると、とてもワクワクします。

もしもTwitterやInstagramでクイズを投稿する際に「#会計クイズ」のハッシュタグをつけていただけたなら、かならずや、あなたの作成した会計クイズを解きに参上します。

おわりに

会計クイズを支えてくださる方々、これから参加してくださる方々への御礼とともに

今でこそ「日本人全員が財務諸表を読める世界を創る」というビジョンのもとで運営している会計クイズですが、元々は簿記検定の資格をお持ちの方や、公認会計士試験の合格者を対象に発信していました。

冒頭でもお伝えした通り、僕自身が公認会計士試験に合格した時点で、「財務諸表が全く読めない状態」でした。だから、「資格試験には合格したけど財務諸表は読むことができない」という悩みを抱えている人が少なからず存在すると思っていたのです。

そのため当初出題していた問題は、「財務指標の比較問題」や「時系列の財務数値の変化の問題」など、ある程度会計の勉強をしたことがある人を対象にしたものが中心でした。

しかし、財務諸表は読み手の職業・経験や知識をはじめとした「多様なバックグラウンドによって見え方が全く異なる」という事実に気づき、より多くの方に参加していただく必要があると感じました。

一部の有資格者のみの参加になってしまうと、回答根拠が似たようなものになってしまい、会計クイズというコンテンツの学びを最大限に発揮することができないと思ったからです。

そこで、問題の想定回答者を「会計関連についてひと通り勉強した方」から「日本人全員」に広げることにしました。

しかし、問題の想定回答者を広げるというのは思った以上にハードルが高く、様々な課題と直面しました。特に、大きな課題は会計を全く知らない人に参加してもらうことでした。

「会計はもちろん、財務諸表を全く知らない人」と「会計をひと通り勉強した人」が同じ問題を解くので、両者の能力格差をどうやって埋めるか？　という課題には、かなり長い期間、頭を抱えました。

悩みに悩んだ末に出したこの 2 つの課題を一緒に解決する施策として、Twitterをはじめとした SNSで展開する「会計クイズ」が生まれました。

まず、実際の財務諸表の数値を抽象化した後にビジュアル化し、会計知識が無い方でも大きさを比べるだけで参加できる設計にしました。
これにより、初心者からすると考える変数が減り、ほとんど抵抗無く参加することができます。一方、会計をひと通り勉強した上級者からすると、限られた情報だけでクイズを考えなければならないので難易度を維持することができ、結果として両参加者の能力格差が埋まり、少しでも多くの方が参加できるようになりました。

また、ビジュアル化した会計クイズをTwitterという自由に発言できるプラットフォームで投稿することにより、全世界の多種多様なバックグラウンドを持つ方が参加できるようになりました。この時点で、1,000人を超える方の視点や知識を一瞬で集めることができるようになったのです。

Twitterのいいところは、参加者の発信によって、学びのある意見や視点をワンクリックで拡散し、参加者の方へも共有することができます。それにより、クイズの発信者はもちろん、参加者の方も自分と異なる意見を見ることができるため、全員で学びを共有することができます。
発信者である僕は、クイズの発信前に想定解答と解説を用意しているのですが、中には僕の用意した解説よりもより鋭い視点の回答をしてくださり、発信者である僕自身も非常に勉強になるコンテンツとして機能させることができました。

この活動を通してたくさんの方の視点を得ることができ、当初意図していた「様々なバックグラウンドの方の視点を手に入れる」という個人的な目標を達成することができました。しかし、それ以上に嬉しい誤算だったのが「会計クイズと出会ってから会計の勉強を始めました」「今まで何度も挫折した会計ですが、今回はようやく身につけることができそうです」という方が思った以上にたくさんいたことです。

また、この活動を通して、普通に生活をしていたら一生出会うことが無かった方々と知り合うことができました。自分の自己研鑽目的のみだったら、飽きっぽい僕がここまで会計クイズを続けられたとは思えません。

参加者の方から「今回も面白かった！」「来週も楽しみにしています！」などの温かい声を直接いただけるのが本当に嬉しく、ここまで続けられています。

会計クイズというコンテンツは発信者のみでは成り立たないコンテンツであり、回答してくださる参加者が揃って初めて１つのコンテンツになると思っています。今回書籍を刊行するにあたって一番に意識したことは、「会計クイズの世界観を、どうしたら伝えることができるか？」という部分でした。たどりついた答えが、様々なバックグラウンドの参加者が対話をしながらクイズを解いていき、その回答までの過程で様々な学びを得ることができるという作りでした。

この書籍ではじめて会計クイズを知った方や、少しでも財務諸表を読むことに興味を持った方は、毎週日曜日の21時より「大手町のランダムウォーカー」というTwitterアカウントで会計クイズを発信しているので、ぜひお気軽にご参加いただければ、とても嬉しく思います。

最後になりましたが、本書の企画・制作にあたって、数多くの方のご協力がありました。KADOKAWAの編集の黒田さん、イラストを担当して下さったわかるさん、複雑な要素ばかりの本書を素晴らしいデザインにしてくださった細山田デザイン事務所の柏倉さん、細やかな校正をしてくださった鷗来堂と文字工房燦光のご校正者様、頼れる正確な組版をいただいたフォレストさん、数多くの図版を美しく作成いただいた沖元さん、日頃から切磋琢磨しているバフェット・コードギルドメンバーの皆様、マーケティング・トレースの皆様、Twitterでいつも会計クイズに参加してくださる皆様、そして僕の所属している中で最高のコミュニティであるファイナンスラボの皆様。この場を借りて、感謝申し上げます。

2020年３月

著者

Special Thanks

本書の制作にあたり、ご協力いただいた皆様に
心より御礼申し上げます。
ありがとうございました。

にしけい ／ バフェット・コード@buffett_code ／ 黒澤友貴 ／ マーケティングトレース@KurosawaTomoki ／ やわらかゆーすけ(#やわラボ) ／ 加瀬谷 真一 @kessanmaster ／ Econopunk ／ 投資家 上原@uehara_sato4 ／ Hissa ／ 家入一真 ／ 村田アルマ ／ いごはち ／ もっちー ／ かもめ ／ #世界最速で日経新聞を解説する男 ／ えみりー@大手町さん出版お祝い！ ／ 加藤紀子(けとる) ／ ワタリユウタ ／ かいたろ ／ Osanai ／ mosimosi0804 ／ 田中章吾 ／ Madoka ／ たいま ／ 兵藤俊太 ／ Ryuta Ichinose ／ 平田智基@t_10_a ／ 川上竜登 ／ 奥村美里 ／ Anna@annair135 ／ 富田なつき ／ IRMAN ／ 飛田恭兵 ／ 江村隆児 ／ 福島 健 ／ 蜂谷樹里 ／ すえなが ／ 原 遼太郎 ／ Kimmy ／ 抹茶ラテ ／ きしけん ／ なつなこ ／ IDAI ／ おしば ／ 篠原泰之 ／ @aki_honmono ／ ナセル 小川敦史 ／ hides ／ まっちゃん ／ リサ ／ yuuuuko ／ emihana ／ 本屋さん ／ ザキオ ／ つよちゃん ／ kmkaikeishi ／ ととろちゃん ／ iganin ／ 野間康平 ／ 山口貴矢 ／ ひろりん ／ くまたろ ／ Yoshi ／ よしと ／ 辻 尚也 ／ VENTO AUREO ／ Pesca ／ 武原悠真@インキュベーション戦略 ／ koba ／ くっちっち ／ とぅーーーーん ／ 三浦正大 ／ shiopii ／ kami ／ 好美 ／ たなはし けい ／ 懐中汁粉 ／ nonename11 ／ マネ爺メント ／ azu ／ とも@TAR_510 ／ mizu ／ LifE Navigation LLC ／ よしはる ／ たか ／ jun ／ manotai ／ おくだゆい ／ Hiroto ／ Gypshin ／ なひろ ／ @helixdrill ／ おむじゅん@omu_jun ／ 暇なバンカー ／ nakashota ／ mitsu44 ／ ktana_ ／ ジョ〜ジ ／ もんたな ／ 切り裂きケニー ／ 大喜康生 ／ りぃ ／ おましょー ／

tori／広田航平／天心飯／ジョー／Ym／るんるんけんたん／ぞえ／Sammy／プリッツ／ukikirin／km／Shinichiro Tani／ゆこま／おたこん／しずく／はら／文屋克隆／ひろみん／すみっこ／mipo-mipo／らさーる／遠藤／nack／ゆー／こみや／MRX／公認会計士／aki／kazu／aonisai1990／hachity_abc／星絵里香／Kokada／kakitama／ととろちゃん／中村亮一／中山一輝／とりる／とも／ヤンマー／KabuLink☆エース☆／くろがね／くこさん／スギヘイ／nyaco／よし／Takao U／いながき。／TAR556／とみたや／犬ポチ／Ken／yuki.kihara／村田優介／里穂Riho／アサムー／はな／katsuki／ラジオ／soar／堀川竣也／ずみ／うらみー／ymotongpoo／ちゃーくん／Magic Works／ryohei shirai／Keita Higaki／Haruto／joefox／K★／前川晃輝／高畑利樹／Yuika／中野達哉／神林大騎／松下悠人／ぶのむしR／くこさん／Excelラボとみ君(@Excel_labotomi)／日経マネー／『会社四季報 業界地図』副編集長 中山一貴／世界四季報(セカ報)／トイアンナ／鈴木克寛(以上、敬称略)

[著者]

大手町のランダムウォーカー

Twitterフォロワー数10万人超。公認会計士試験合格後、大手監査法人勤務を経て独立。
「日本人全員が財務諸表を読める世界を創る」を合言葉に「大手町のランダムウォーカー」として「#会計クイズ」を始め、様々な業種・立場の人をネット上で巻き込み好評を博す。
現在は株式会社Fundaにて「#会計クイズ」を運営するほか、企業研修やコンサルティング業務も行っている。

株式会社Funda
https://www.funda.jp/

[イラスト]

わかる

平成生まれのイラストレーター。Twitterフォロワー数22万人超。絵を描くことが好きで、日常のふと思うことをイラストにしてTwitterを始めたところ、ゆるいイラストとシュールなことばのアンマッチで人気を得る。LINEスタンプやグッズなど、多岐に渡って活躍中。主な著書に『今日は早めに帰りたい』(KADOKAWA)がある。

Staff

[カバー・本文デザイン] 柏倉美地(細山田デザイン事務所)
[図版制作] 沖元洋平
[校正] 鷗来堂、文字工房燦光
[DTP] フォレスト

会計クイズを解くだけで財務3表がわかる 世界一楽しい決算書の読み方

2020年 3 月28日　初版発行
2024年 7 月25日　32版発行

著　者　　大手町のランダムウォーカー
イラスト　　わかる
発行者　　山下直久
発　行　　株式会社KADOKAWA
〒102-8177　東京都千代田区富士見2-13-3
電話0570-002-301（ナビダイヤル）
印刷所　　大日本印刷株式会社

●お問い合わせ
https://www.kadokawa.co.jp/（「お問い合わせ」へお進みください）
※内容によっては、お答えできない場合があります。
※サポートは日本国内のみとさせていただきます。
※Japanese text only

定価はカバーに表示してあります。

ISBN 978-4-04-604367-2 C2034

待望の続編！

面白くて眠れなくなる
ビジネス戦略がここにある

- 東武鉄道はなぜスカイツリーを建設した？
- 質の「良い赤字」「悪い赤字」の違いって？
- コロナ禍でも黒字を維持したのは
  王将・日高屋のどっち？

会計クイズを解くだけで財務３表がわかる

世界一楽しい 決算書の読み方〔実践編〕

KADOKAWA

定価：1,650円（10%税込）　ISBN：9784046050212

アプリで#会計クイズを
もっと解いてみよう！

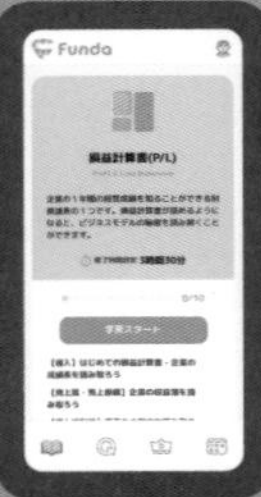

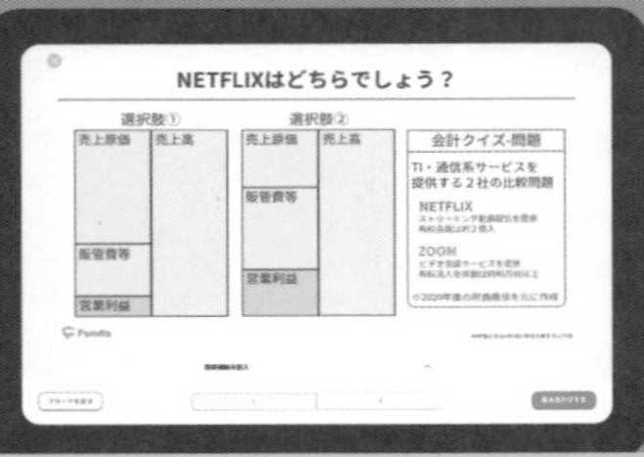

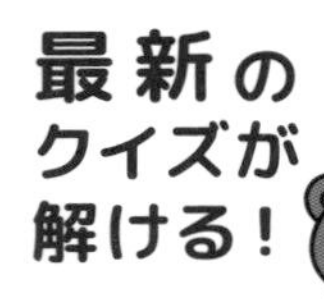

funda.jp  で検索！